希望我们的教育能给男孩一份阳刚、一种大气，

希望每个男孩都能有「山一样的伟岸和厚重，海一样的深沉和宽容」，

都能成为真正的男子汉，则每个家庭幸甚、国家幸甚。

# 不打不骂教出男子汉

宋静◎著

BUDABUMA
JIAOCHU
NANZIHAN

辽宁人民出版社

**图书在版编目（CIP）数据**

不打不骂教出男子汉 / 宋静著. —沈阳：辽宁人民出版社，2018.1
ISBN 978-7-205-09208-5

Ⅰ. ①不… Ⅱ. ①宋… Ⅲ. ①家庭教育 Ⅳ. ①G78

中国版本图书馆CIP数据核字（2017）第302830号

出版发行：辽宁人民出版社
　　　　　地址：沈阳市和平区十一纬路25号　邮编：110003
　　　　　电话：024-23284321（邮　购）024-23284324（发行部）
　　　　　传真：024-23284191（发行部）　024-23284304（办公室）
　　　　　http://www.lnpph.com.cn
印　　刷：朝阳铁路印务有限公司
幅面尺寸：160mm×230mm
印　　张：14
字　　数：188千字
出版时间：2018年1月第1版
印刷时间：2018年1月第1次印刷
责任编辑：刘铁丹
封面设计：丁末末
版式设计：琥珀视觉
责任校对：高　辉
书　　号：ISBN 978-7-205-09208-5

定　　价：39.80元

# 目录

*01*

## 我家有个"熊孩子"

# 目录

*02*

## 走进男孩的内心

## 青春期的秘密请别碰

# 目录

*03*

## 放下溺爱或强势，建立威信

## 限制少一点儿，自由多一点儿

# 目录

*04*

## 自由要适度，家规不可少

## 挫折教育，让男孩过点儿苦日子

# 目录

*05*

## 学会做人，受益终生

## "正念教育"，教孩子活在当下

# 目录

## 培养幸福感，让孩子学会爱与被爱

我家有个『熊孩子』

01

在没经过社会化洗礼之前，大概每个孩子都有一段"熊孩子"的历史吧……

在没经过社会化洗礼之前，大概每个孩子都有一段"熊孩子"的历史吧？尤其是从幼儿园到小学中低年级这个年龄段的男孩子简直就是"熊孩子中的战斗机"。过度放任和过度严苛都不是最好的教养方式，家长要做的是给予孩子足够的关爱和自由，同时也设立明确的界线。

## ❀ 为什么男孩天生就是淘气包 ❀

豆豆今年已经6岁了，马上就要上小学的他可是班里有名的淘气包，不是昨天把女生的辫子给抓坏了，就是今天在幼儿园小便时故意尿到了同学衣服上。作为三天两头被老师告状的妈妈，刘女士很是头疼。

她苦恼地在博客里发文求助：我真拿儿子没办法，他怎么就那么多精力惹是生非呢！在外面和小朋友一起玩时，他总是挑头出鬼点子的那个。昨天晚上在楼下玩，他追着一个小女孩跑，把虫子放在人家脖子上，吓得女孩哇哇大哭。今天在家歇周末，竟然把我们的牙膏扔到了马桶里。前几天刚把他爸爸的剃须刀倒腾坏，今天我又发现打火机不见了，不用说，又是他干的。

我去问他打火机哪去了，他却歪着脑袋诡秘一笑说"不知道"。后来我在楼梯里发现，那只打火机已经被拆得七零八落了。家里的钟表也没能幸免，早被他大卸八块，最近他还试图用螺丝刀拆照相机，真是要命啊！现在我一离开家就像防小偷一样，把他感兴趣的东西都锁起来，万一再倒腾坏一个值钱的东西，那就更麻烦了。

有时候挺羡慕邻居家的，人家的闺女乖巧懂事从来不惹事，怎么我家孩子就这么淘气呢？

其实，像刘女士一样有着类似苦恼的妈妈不在少数，家里的男孩似乎每天都在想着上天入地，一刻不得安生，仿佛他们天生就是个淘气包。可能很多父母不理解，为什么男孩总是很淘气？为什么他有那么多的精力去搞破坏？其实，这是男孩天生的心理因素在"作怪"。

## 探索心理

男孩的这种探索心理，是很早就可以表现出来的，如在婴幼儿期，男孩对各种事物的探索心理就比女孩更强烈一些。同样一个玩具，女孩可能会把它当作小朋友进行对话，而男孩却可能把它拆得七零八落，因为他希望知道这个玩具是怎么运动的或者还有其他什么玩法。这时候，一般父母都会说男孩是破坏大王，其实不然，这看似破坏的举动，正显示着男孩的某种独特能力。曾经有调查显示，在拼图和组装其他三维物体方面，男孩的速度比女孩快两倍，并且犯的错误比女孩少一半。

## 好奇心理

每个孩子其实都是"好奇宝宝"，只不过男孩多半有超乎常人的"动手欲望"。两岁不到的男孩一定要拿家中的电视遥控器当"玩具"，有时候还会自己动手拆卸；下雨了，地上留了些水洼，女孩经过时可能怕弄脏了自己的新鞋子，而男孩则会兴奋地跳进去踩着玩。

淘气、顽皮似乎是每个男孩的天性，父母应该怎么做，才能正确引导"淘气包"男孩呢？

## 理解、宽容孩子的淘气，给孩子提供释放天性的机会

富有探索精神，好奇心重，这都是男孩认识世界的特长，父母应先给予肯定，然后采用恰当的方法给男孩以正确的引导和教育，切不可用强制的方法压制男孩的淘气。很多父母往往出于对男孩的爱护，生怕发生危险，规定这也不能做那也不能做，反而束缚了他的手脚，扼杀了他的探索精神，这是不可取的。

作为父母，应该尽可能多地为男孩提供探索的机会，让他与外界进行亲密接触，这对于促进他的智力发展很有好处。同时，只有孩子的好奇心得到满足后，自然会转移兴趣点。如果父母对孩子在探索、好奇的过程中表现出来的淘气行为强制干涉，孩子只会表现得更加"淘气"。

## 允许孩子淘气，但要上紧安全弦

虽然男孩天生就是个淘气包，但并不代表父母可以放任自由，不用加以引导。孩子的认知有限，有时候会做出一些危险的举动，比如有些孩子偷偷玩火会引发火灾，有些孩子在窗台玩耍引起失足跌落。男孩天生爱冒险、爱尝试，作为父母在给孩子一定的自由空间去探索的同时，也要上紧安全弦，尽可能地减少孩子淘气时的危险系数。

## ❀ 男孩子的英雄情结 ❀

上二年级的刘新放学回家后，爸爸发现他的脸受伤了，惊奇地问他："谁干的啊？抓了你这么几道红血痕。"刘新低着头不说话，爸爸把声音放柔和说："没事，爸爸就是问问，没有怪你的意思。"刘新便仔细跟爸爸讲了事情的经过。

原来，班里的陈超是个"小霸王"，平时就喜欢搞恶作剧，欺负小女生。那天下课时抢了班里一位女同学娜娜的新玩具。娜娜害怕他，吓得直哭，老师又不在。刘新看不过去了，就走过去帮娜娜夺回了玩具。陈超在和他争抢时，把他的脸抓伤了。

爸爸听完后说："原来你在帮助人啊，这是好事啊，爸爸觉得你真像个小英雄。"

刘新却悄悄地说："你可别让妈妈知道我和人打架了，她不喜欢。"爸爸配合地点点头，说："好的。不过你以后可别通过打架解决问题了，你可以去找老师或请同学们评理，相信大多数人会站在你这边的，因为你是正义的。"刘新听后，认真地点了点头。

男孩的家长大都会有这样的疑惑：怎么我家孩子这么爱管闲事、动不动就喜欢打架？其实，男孩喜欢打抱不平，几乎是一种本能反应。只要男孩的天性没有过分被压抑，在任何场合下，他们路见不平时，都有拔刀相助的冲动。每个男孩都有英雄情结，他们总幻想自己是"超人"，身怀一身绝技，能够帮助弱小、扶危济困，与恶势力竞争，成为人心目中的英雄。

爱打抱不平，爱管闲事，见不得人欺负弱小，正是男孩英雄情结的表现。

然而现实中，男孩的英雄梦想却难以实现。由于年龄和阅历的缘故，男孩无论在身体还是心理上，都不能如愿地施展英雄抱负。他们常常觉得自己很弱小，希望得到安慰和激励，并希望有一些勇敢的举动被承认，于是就出现了上述案例的情形。

男孩的英雄情结也会转移到对某些偶像的崇拜上，它们可能来自男孩看的动画片或动漫书，如铁臂阿童木、机器猫、动感小超人、奥特曼等，这类英雄偶像正义、勇敢、智慧、仗义，具备一种积极向上的精神，圆了男孩的英雄梦。

男孩因为荷尔蒙的分泌和女孩之间的差异，所以相较于女孩男孩更喜欢这些英雄形象。孩子一般在2岁到4岁前有一个身份确认期，男孩就通过这些英雄的形象完成对自己的身份的希冀和向往，而女孩显然大多就是公主、娃娃之类的。这些实质上都是对自我身体特征的一种角色确认。

心理学家认为，男孩子的英雄主义是男性区别于女性的显著心理特征之一。这种心理特征在很早的时期就可以观察到。面对男孩的英雄情结，家长们应该怎么对待呢？

## 巧用英雄情结，用榜样的力量培养男子汉

每当家里有人问牛牛长大了想当什么，牛牛都会毫不犹豫地说："我长大了要当奥特曼。"就算家人笑得前仰后合，他也依然坚持自己的"理想"，并且立即站起身来做一个标准的奥特曼变身动作，还断喝一声。在牛牛心中，奥特曼简直就是个铲除各种妖怪的无所不能的豪侠。

有一次家里来了客人，看到来的小姐姐端庄高雅，妈妈立即赞叹道："小姐姐的样子好像一个优雅的公主啊！"小姐姐很得意，身板一下子坐正了。而牛牛听到后也学着小姐姐的样子自己把餐具拿好，看着妈妈说："我吃饭的样子好像奥特曼！"

于是，妈妈赶紧将吃饭的好习惯植入奥特曼中。

牛牛睡觉爱闹腾，妈妈便以英雄形象引导他："你别再闹腾了啊，闹腾之后能量消耗掉了，就不能成为真正的奥特曼战士了。""那成为什么？""嗯——就成了怪兽了。"牛牛立即躺好，然后大声说："我不动啊。"不一会儿，牛牛就在关于奥特曼的遐思中进入了梦乡。

至于收拾玩具、认真洗手、专心看书等自然都是妈妈无形中给牛牛灌输的奥特曼的好习惯了。

虽然很多时候，孩子眼中的"英雄"在成人的眼中虚幻非真实，但让孩子将英雄作为自己未来的角色期待，这其实是一个最好不过的选择。孩

子心中存有英雄的榜样力量，自然会以英雄的形象严格要求自己。

对于男孩的英雄情结，妈妈首先要理解他们，如果引导得当，男孩的这种英雄情结，更有利于培养孩子勇敢正义的气概。日常生活中，一些力所能及的事情，要让男孩自己去做，既满足了男孩的英雄情结，也利于培养孩子男子汉气质。

## 让男孩知道什么是真正的英雄

虽然奥特曼身体强壮，可以打败很多怪兽，但是，英雄并不只靠蛮力的，真正的英雄是靠智慧取胜的。当男孩想要当英雄时，家长首先是要肯定和鼓励儿子的英雄心理，提高儿子的自信心，接着就要告诉他什么才是真正的英雄了。

要告诉儿子，要学会动脑筋，一些事情也要量力而为，当英雄虽然光荣，但不考虑自身实力而去一味地做英雄就是一种危险和莽撞。做英雄也要保护好自己，然后才能救别人，如果连自己都顾不上，那英雄也做不成了。

## ❀ 别把好奇心当作搞破坏 ❀

在妈妈眼里，丁丁简直就是个破坏大王，什么玩具到他手里玩不了两天就坏了，关键有些玩具不是他玩坏的，而是拆坏的。前两天儿童节，舅舅刚送给丁丁一辆遥控汽车，丁丁玩了半天就开始大卸八块，最后实在拼装不上了，丁丁急得直哭，妈妈看到后狠狠训了他一顿："以后不许再搞破坏了，再搞破坏，就再也不给你买玩具了。"

在日常生活中，这样的情景随处可。在很多父母眼里，孩子的好奇心太重，以至于把家里弄得天翻地覆，乱七八糟。其实，千万不要打击孩子的好奇心，心理专家指出，人们只有在好奇心的引导下，才会去探索被表象所遮盖的事物的本来面目。只有好奇心才能产生兴趣，只有感兴趣才会去探索。

著名教育专家尹建莉曾经在一次访谈中，提到了她本人在女儿成长过程中如何保护她的好奇心。有一次，女儿把电视机遥控器扔进了鱼缸，她没有一上来就对女儿大发脾气，而是问女儿为何要这样做，原来女儿只是想看看遥控器会不会在水里漂浮。尹建莉认为孩子只是用自己的好奇心在探索，在尝试。所以她觉得女儿是天才，如果女儿愿意尝试，她会继续买新遥控器来给她玩，十个遥控器够不够？花这点儿钱是为教育埋单，孩子再"祸害"东西也不会让她变穷。评价不一样，孩子当然变得不一样。

好奇之心，人皆有之。面对着到处充满未知的世界，男孩的好奇心尤其强烈。在孩子成长的各个阶段，随着思维的变化，他们的好奇心也会随之变化。过了"这是什么"的阶段，孩子又开始问"为什么"。在孩子问"这是什么"的阶段，由于问题浅显，父母都能应付，普遍也都能耐心应答。可等到孩子问"为什么"的阶段，父母应答起来就不那么容易了。尤其当孩子喋喋不休地追问时，父母更是无所适从，因此常常会失去耐心。那么作为家长，应该如何帮助孩子保持好奇心？

## 创设满足孩子好奇心的环境

对孩子来说，在他们的日常生活环境中，到处蕴含着可供探索的资源，随便哪个情境，都可能成为引发孩子好奇心、诱导孩子提出各种问题的学习场所。家长要做的首先是消除环境中的不安全因素，然后就可以依据孩子的兴趣提供各种实践材料和工具，放手让孩子去探索。

## 不要以成人的思维约束孩子

由于年幼宝宝的认知有限，可能会有很奇怪、超出成人逻辑的设想，这个时候家长切忌以成人的思维方式来束缚孩子的想象力。比如孩子观察到绝大多数落叶掉在地上都是"掌心向下",他会认为那是"落叶宝宝"在亲吻大地妈妈,家长可以鼓励这个想法,而不必强调说"落叶是因为正面的重量比背面重,所以正面先着地"。

## ❀ 男孩独有的染色体 ❀

对于大多数男孩的家长来说,男孩的成长历程就像是一部惊险的探险电影,说不定哪个时刻,他们就会因为探险而受伤;也说不定哪个时刻,他们就会惹出或大或小的麻烦。其实,男孩的很多特性和他们独有的染色体有关。

提起染色体,人们并不陌生。人体的每个细胞内都有23对染色体,也就是46条染色体,包括22对常染色体和1对性染色体。男孩与女孩的常染色体都是一样的,但是性染色体却不一样,正是不一样的性染色体决定了孩子的性别。

性染色体分为X染色体和Y染色体,男孩的性染色体是由X和Y组成,而女孩的则是由X和X组成。也就是说,Y染色体是男孩独有的,决定了孩子的性别为男性。

千万不要小看了男孩所携带的Y染色体,它不仅决定了男孩之所以为男孩,而且正是由于它的存在,男孩才会表现出很多与女孩完全不同的特性,例如,更具有冒险性、攻击性和竞争性。

了解男孩的染色体情况,对父母的教育过程还是大有帮助的。

### 通过"生长基因"鼓励男孩

据英国的一项统计数据显示,男人的平均身高在174.4厘米,女人的平均身高则是162.2厘米。男人的平均身高比女人要多12.2厘米。也就是说，Y染色体上面包含着增加身高的"生长基因"。

由此可见，通常情况下，男孩一般会比女孩长得高大，所以要比女孩承载起更多的家庭责任和社会责任。如果你想让男孩做一些力所能及的家务，你可以这样说："你是男孩，你的力气大，就应该为妈妈分担一些家务，妈妈是女人，需要你的帮助。"这样说，相信你的儿子会很愿意参与其中。

## 理解男孩的那份脆弱

其实，男人也有特别脆弱的一面。大量科学研究表明，Y染色体在长达约3亿年的进化中一直在变小，所含基因也在逐渐减少。因此，从这个角度看，男孩比较容易受到伤害，甚至有时候会有不同程度的恋母情结。男孩看似勇敢坚强，实则非常脆弱。因而，男孩特别需要得到关爱。

## 不要忽视对男孩进行性别教育

既然Y染色体决定了孩子的性别，那么，父母就要通过教育让男孩对自己的性别有所认识。一般来说，男孩在一岁半左右就知道了自己的性别，他能通过观察周围人的发型、外观、长相等特点分辨他人的性别。光他自己知道了还不够，父母一定要注意强化孩子的性别。不要把男孩当女孩养，比如，给他穿裙子、扎辫子、涂口红等。在穿戴上一定要把男孩当作男孩去打扮。平时要让男孩玩坦克、手枪等带有男性化特征的玩具，不建议引导他们玩布娃娃或者毛毛熊等东西。

Y染色体已经决定了他是个男孩，在教育方式上，就不要过度保护，而应该在相对安全的情况下，鼓励他去探索、去冒险、去奋斗，这样才会让男孩所携带的Y染色体发挥作用。

## ❀ 爱冒险并不是坏事 ❀

图图从蹒跚学步时就显出不一般的冒险潜质。他从来不怕摔倒，只要能够得着的地方，他想方设法也要爬上去。从小跟在姐姐后面当跟屁虫，图图很小就习惯了跟在大孩子们后面跑。因为跟着奶奶在老家生活过，图图无师自通地学会了爬树，什么虫子在他眼里都可以当成玩具。

上幼儿园后，每天放了学，图图和一帮同学在小区里疯玩，他总是带头的那一个。很多小男孩跟着他学爬树时，家长都在树下担心地盯着，生怕孩子掉下来。图图的妈妈则远远地站在旁边，淡定地和别人聊天。

渐渐的，他成了小区里爬树爬得最高、玩单杠玩得最好的一个。很多家长都说他泼皮大胆得像个猴子。因为爱冒险，图图经常弄得身上脏兮兮的，胳膊上膝盖上也经常擦伤，隔几天就会结痂一次。但妈妈似乎并不担心，她觉得爱冒险的儿子才是真正的男孩。如果男孩不爱冒险，那还是我们传统印象里的男孩吗？

生活中，并不是所有的妈妈都像图图妈妈一样珍视孩子的冒险精神。很多男孩的妈妈总喜欢用"每天都生活在提心吊胆中"来表达自己带孩子的体验。也许正因为如此，古希腊哲学家柏拉图早在2300多年前就这么写道："在所有的动物之中，男孩是最难控制对付的！"

其实，冒险是男孩的天性。一个小男孩刚学会走路，就爱爬往高处，并向下跳。男孩喜欢自己制作玩具，做很冒险、很刺激的事情。他们会不可理喻地从很高的地方跳下来，摔疼了也无所谓，有时候甚至会骨折。多数男孩在小时候或多或少受过外伤——没受过伤而长大成人，只能是奇迹。

实际上，越是具有创造潜力的孩子，越是好奇冒险，不喜欢走寻常路。男孩体内分泌的雄性激素致使他们表现出爱冒险、专断自负、斗殴竞争、争吵自吹、爱出风头等倾向。他们更需要一些冒险的行为来释放自己的能量。作为父母，怎样应对孩子的冒险行为呢？

## 把孩子"扔"到大自然，顺应男孩爱冒险的天性

男子汉需要强壮的体魄、宽阔的胸怀、顽强的意志，以及对于家庭责任和社会使命的担当能力。要把男孩培养成男子汉，就要顺应他们爱冒险的天性，重视一些亘古不变的人格要素：探求、竞争、手足情谊和自我发现。

康恩·伊古尔登在《男孩的冒险书》里面提到男孩在冒险的过程中，尝试、探索、体验兼而有之。其中一条建议是这样的："男孩需要与大自然接触，做男人们做的事情——打猎、钓鱼、捕蟹、宿营等，这些活动会给他们带来自信心，并帮助他们理解大自然的力量和自己在宇宙中的位置。"男孩在自己的冒险和探索中很容易理解事情的因果关系，并且为自己和个人情绪负起责任。他们开始学习自我约束、自信和团队构建。当没有人真正理解他们的时候，他们会自发地为未来自我训练，循着人类千百年来的传统。

一位学者曾说过："人在汲取智慧时，不应仅从书本中获得，更应当从天地之间，从橡树和榉树中获得。"一个男孩爬树悬在半空中紧张奋斗惶恐几分钟，不比看一本书学到的东西少，那是书本上学不到的精神财富。所以，父母应该学会放手，把孩子"扔"到大自然里，让男孩在冒险中用自己的方式去解决遇到的问题，感受自己内心的喜悦。

## 把避免危险的方法告诉男孩

除夕夜，丁丁闹着要放花炮，妈妈考虑他年龄还小，玩花炮很危险，就拒绝了他。没想到，丁丁趁妈妈不注意，便偷拿表哥的花炮去外面燃

放，还好妈妈发现得及时，没有出危险。这下妈妈知道不让他玩儿是不行了，于是就教他用一根比较长的细铁丝绑着点着的烟，然后再去点花炮，等看见冒火了，就赶紧跑。丁丁按照妈妈教的方法，玩得特别开心。

当男孩想冒险、想尝试的时候，家长的阻止不但起不到作用，还会使他更加想尝试。我们与其不让他冒险，不如把避免危险的方法教给他，多给他讲一些安全常识，让他学会保护自己。这样，他的冒险欲望不但能得到满足，也能最大限度地减少危险概率。

## ❀ 教育男孩爸爸不可缺 ❀

有一个耳熟能详的故事：有个小男孩一直等待着加班回来的爸爸，并询问爸爸一小时能赚多少钱，当他得知爸爸一小时能赚20美元时，他向爸爸开口借10美元。因为加上他自己存下来的10美元，就可以买到爸爸一小时的时间，他希望爸爸能和他共进晚餐。

这位小男孩的心理其实正是当今社会很多中国家庭孩子的内心写照。在很多家庭里，爸爸是缺席的，或者就像传说中的"父爱如山，一动不动"。有媒体针对北京3—6岁幼儿父亲的调查发现：80%的父亲认为自己工作忙，没有时间与孩子交往。

古语说"养不教，父之过"，而这个时代似乎越来越缺乏"父亲的教育"。研究发现，凡与爸爸一起相处机会多的孩子，其智力水平更高，男孩更是如此。男孩会把爸爸的所有行为特征作为自己辨别男人的特征，以后在生活中出现的男性形象都会与最早获得的这一男性范例相比较。而缺乏父爱的男孩很难在男性的自信与自制之间找到一个平衡点，这对男孩长大交友、求学和工作都会造成一定的困扰。

心理学家指出，男孩的天性中，大多具有喜欢模仿的特点。他们在成长时，很容易受到外界的影响。许多研究证实，父亲对男孩智力发展的影响要比女孩大。

和妈妈相比，爸爸身上具备更为勇敢、坚强、独立、自信、果断的个性特征。爸爸在和孩子相处的时候，要鼓励孩子不断尝试，勇敢探索，克服困难和挫折。如果孩子在幼年时期没有得到爸爸足够的关爱，成长的过程中就有可能欠缺一些良好的个性品质和优秀的道德品质。作为妈妈，应该怎样引导爸爸参与到儿子的教育中来呢？

## 请爸爸常常陪伴儿子

没有哪个男孩不渴望获得父亲的陪伴，因为，大部分男孩都把父亲当成偶像，如果能被"偶像"关注，内心就会无比喜悦和幸福。所以，建议爸爸多抽空陪男孩玩耍，多与男孩交流，一起吃饭，哪怕不做具体的互动，爸爸的存在也能给男孩莫名的力量。

而且，爸爸即使再忙，也要在儿子临睡前回到家，儿子就会感觉到踏实和安全，也会因此睡得更香甜。当然，如果爸爸能坐在儿子的床边与其寒暄两句，父子之间的距离就不会因为父亲的忙碌而拉开。

## 与爸爸保持教育的一致性

妈妈和爸爸是教育的合作伙伴，在合作中肯定会遇到各种各样的问题，针对这些问题，一定常常沟通教育理念，尽量达成共识，保持教育的一致性。否则，孩子不但不知道该听谁的教导，还会在其中钻空子，反而不利于孩子成长。

另外，彼此双方一定要恪守以下原则：第一，当一方正在教育孩子时，另一方不能直接干预表示反对；第二，决不当着孩子面数落对方的不是；第三，事后及时沟通，虚心听取对方意见。这样，孩子的成长会因爸爸妈妈良好的合作而更加顺利。

## 与爸爸一起学习，提高教育素养

妈妈平时可以把不错的教育类书籍推荐给爸爸，大家共同学习一下教育类的知识，彼此交流一下心得体会。随着学习的深入，教育理念就会趋于一致，有了共同的、正确的教育标准，再一起合作教育孩子，不但不会手足无措，还会很有默契，这样的合作才是成功而有效的。

妈妈像水，爸爸像火，两者刚柔并济，阴阳平衡，共同担任孩子的"情商教练"，才能保证孩子得到更全面的发展。爸爸身上感性与理性的融合，是开启孩子智慧的最佳密钥。所以，妈妈要学会放手，让爸爸多照顾孩子，主动参与家庭教育，除了能让孩子变得更优秀，还能令家庭关系更加和睦。

## ❀ 争做男孩心中的偶像 ❀

被称"童话大王"的郑渊洁有一次在访谈中谈到，他的偶像就是自己的父母，而且父母在他心中的偶像地位无人能及。

郑渊洁的父亲特别爱看书。当郑渊洁还是个孩子的时候，父亲经常抱着他看《资本论》。随着郑渊洁慢慢长大，父母开始不停地和他分享读书感想。20世纪80年代，郑渊洁开始文学创作，为了帮助他写作，父亲每读完一本书，就写一封几千字的家书给郑渊洁，这一写便是几十年。而且父亲从来没对他发过脾气，更别说打骂了。父亲对自己的教育方式深深地影响郑渊洁，所以郑渊洁也从来不对子女发脾气。

从记事以来，郑渊洁的母亲就一直教导他：不要因为别人长相、身材、家庭背景，或者身体残疾而看不起别人，她的善良对郑渊洁的影响也非常大。或许，正因为母亲的善良和父亲的影响，郑渊洁才有一颗不褪色的童心，成为"童话大王"。

对于很多父母来说，培养孩子成才是最大的心愿。然而很多父母并没有意识到，自己才是孩子的第一任老师，想要让孩子成为一个什么样的人，自己先要成为一个什么样的人。因为在孩子眼中，父母才是他们的第一偶像。

尤其对于男孩来说，崇拜偶像，是他们的正常心理。男孩从小到大都会在心中树立一个个偶像，或许是父母，也许是某位英雄人物，也许是某位成功人士。事实上，在每个男孩的心中，父母才是他的第一偶像。父母的品德、言行举止、为人处世的方法，都将直接或间接地影响着儿子。

要想让自己成为孩子心中的偶像，得到儿子的尊重和崇拜，父母应该怎么做呢？

## 严格要求自己，提高自身修养

现代教育家陈鹤琴说："做父母的不得不事事谨慎，务使己身堪有作则之价值。"父母不管做什么，不管有意无意，对孩子都是榜样。孩子最善于模仿，父母如果不注意自己的小节，言行举止不当，很容易给孩子造成负面的影响。

5岁的豆豆长得虎头虎脑，惹人喜爱，可是最近，他却变成了让妈妈头疼的孩子，总会时不时地冒出脏话来。

有一次，妈妈的同事来串门，大概是和同事说话声音大了一点儿，影响豆豆看电视了，他突然冒出了一句："你们给我滚出去！"当时，妈妈狠狠训了豆豆一顿，孩子怎么突然这么没礼貌了呢？他平时不这样的啊，更从来没有说过"滚"这个字。

同事走后，妈妈教育起豆豆："以后再也不许说'滚'这个字啊！"

"你跟爸爸吵架时不也经常说嘛!"豆豆的回答让妈妈自责起来。她突然想起来有时两个人吵架时,自己确实经常脱口而出那个字。

从那以后,妈妈意识到当父母的一定要注意自己言行,不能给孩子做出坏榜样。

在男孩小时候,他会以各种方式模仿他们最崇拜的偶像,那就是父母。父母的言行举止体现在生活的每一瞬间,他都看在眼里、记在心上,他会情不自禁地模仿他所看到的、所听到的一切。所以,妈妈要时刻规范自己的言行举止,用自己的良好言行潜移默化地影响儿子。

## 身教重于言传,做儿子的精神榜样

随着男孩慢慢长大,他会在不同年龄寻找不同偶像,然而父母给他们的精神力量却是无可替代的。而且很多时候,孩子更愿意看看父母是怎么做的,而不是听父母说。因此父母最好少"说"多"做"。比如要教育孩子诚实,父母首先做一个诚实的人,比说一千遍、一万遍的大道理有用得多。父母身体力行,做一个品格高尚的人,再也没有比这更重要的事情了。

欣欣虽然刚上一年级,但有着良好的学习习惯和生活习惯。这和妈妈的影响是分不开的。妈妈平时工作很忙,但回家后忙完家务总会抽出时间来看书学习。注重学习的她业余时间还学习了心理学。妈妈每天早晨坚持早起一小时学习,最终考取了心理咨询师证书。看着妈妈爱学习的样子,有一天,欣欣仰着头用崇拜的眼光看着妈妈说:"妈妈,我觉得你努力的样子好像红军啊!"

听着儿子稚嫩又真诚的夸奖,妈妈的心里美美的,她知道自己用言行为儿子做出的表率比整天在他耳边唠叨管用多了!

父母要想确保自己在儿子心中的偶像地位，就要让自己永远保持闪光点，做儿子的精神向导，给儿子不断前进的力量和勇气。一旦孩子把我们当成他的精神偶像，就会产生一股无形而强大的力量，牵引着他走向美好的未来。

## ❋ 温柔而有效的惩罚 ❋

当孩子犯错时，很多父母往往会抓狂，动辄打骂一顿，觉得这样才能让“熊孩子”长记性。然而，正确的惩罚方法不会伤害孩子的感情。严苛的惩罚，比如嘲讽、威胁，却可能会伤害他的自尊心和心理健康。

研究表明，曾被严厉惩罚过的孩子可能会变得极度放弃自我，或者富有攻击性和好斗。严厉对待自己孩子的父母，也常常会感到自责甚至是有罪恶感。当使用了温和的方法时，对孩子而言，你就是一个理智的、没有攻击性的好榜样。

### 在能控制自己情绪的时候惩罚孩子

作为父母，我们经常感到压力山大，沮丧无比。有时候，孩子就喜欢通过激怒父母来获得关注，并且控制父母。但是，你可以控制自己，你可以停止吼叫、停止威胁、停止讽刺挖苦。任何严厉的惩罚都是无效的。

父母一定要记住，你的孩子会模仿你的行为。如果你喊叫、威胁或者扔东西，你的孩子也会学着这样做——他可能会大喊大叫，情绪沮丧，或者想要通过肢体惩罚来“管理”别人。

### 针对行为，而不是孩子

7岁大的童童不听妈妈的话，妈妈不允许吃巧克力饼干，他却吃掉了大部分巧克力饼干。妈妈向童童走过去，用严肃的口气说："童童，我非常失望，你把饼干都吃掉了，我本来是想把它们留到晚饭之后的，现在，我们晚上就没有甜点吃了。另外，你看看你的头发又乱成一团糟了，而且你还把玩具丢得到处都是……你对我一点儿感激之情也没有……另外……你真是个皮孩子，顽皮得没边了，真是无可救药。"

当孩子犯错时，家长应该靠近孩子，看着他的眼睛，表情严肃地表达你的感受，描述孩子的不良行为时，避免讽刺挖苦和贬低孩子。另外，一些叛逆的孩子喜欢从父母那里获得更多关注，哪怕关注是负面的。所以，千万不要唠叨孩子，所谓唠叨，就是喋喋不休、责骂和抱怨。

要知道，喋喋不休不会帮助孩子改进他的行为，只会搞砸亲子关系。不要批评孩子的性格或者人品。要让孩子知道，就算他是个犯错误的"熊孩子"，父母也始终尊重和喜欢他。

## 让孩子独自承担"自然后果"和"逻辑后果"

所谓"自然后果"，就是当孩子做出坏行为后，接下来会自然发生的需要他自己承担的后果。自然后果可以代替父母惩罚孩子。父母应该让孩子承担自然后果，除非自然后果对他来说意味着危险。

冬天，拒绝听妈妈话，不戴手套的自然后果，就是手冷；不完成作业的自然后果，就是课后留在学校，或者失去课间休息时间；如果嘲笑朋友，那么他的朋友会生气，孩子会没有朋友一起玩，"孤独"就是嘲笑朋友的自然后果。

不过有时候，父母又不能允许自然后果发生，因为它可能会威胁到孩子的安全。比如，3岁的孩子如果把自行车骑到马路中间去，就不能放任不管。但是，父母可以使用"逻辑后果"作为惩罚的手段——迅速地把自行车拿走，禁止孩子骑车一个星期。

家长还要注意，在使用逻辑后果做惩罚的时候，你需要保证惩罚"在逻辑上"和坏行为匹配。当儿子弄明白了惩罚和坏行为之间的逻辑关系之后，就能有效地减少坏行为的发生。当使用逻辑后果的时候，还要注意不要让惩罚太过严厉，或者持续的时间太长。比如说"两个月不许骑车"就太严厉了，一星期已经足够了。

当你对孩子的坏行为感到极度生气的时候，你可能会宣布非常严厉的惩罚措施，如果你犯了这个错误，不要紧，解决方法也很简单——只要告诉孩子你觉得惩罚太严了，你决定进行修正就可以了。

## 惩罚熊孩子不妨参照"三部曲"先定规范

"有奖就必然有罚，惩罚是教育当中不可或缺的一环。只要惩罚运用得当，就可以帮助孩子懂得必须遵守的社会行为规范。在惩罚孩子的时候，父母最好的态度是处之泰然、是平静的、是不动怒的。愤怒的父母会教导出愤怒的孩子，安宁的父母才能教导出安宁的孩子。"家教协会副会长黄燕认为，惩罚孩子也有"三部曲"。

首先，家长要设定规范。父母应该根据自己和社会的价值观给孩子立规矩，然后全家都要遵守。可考虑使用"三区段"方式："绿区"是被认可及合适的行为。这是我们要求孩子采用的行为、允许孩子去做的行为。"黄区"是不被认可的不当行为。但是，由于特殊的理由也能被容忍。比如孩子在生病的时候可以睡懒觉，在周末的晚上可以多看一会儿动画片。"红区"是无论如何都不能容忍的行为。

其次，批评要注意方法，不宜采用"比较式"批评。也就是说，少说"别的同学都不睡懒觉，你为什么还睡呀"之类的话。也不要借助他人的权威来批评，如"等你爸爸回来再收拾你""明天我把你的表现告诉老师去"，这样的话只会让孩子看出你的苍白无力。此外，批评要简明扼要，一语中的，最好的办法是直截了当地告诉孩子，到底哪儿错了，为什么错。

再次，对孩子感到非常失望的父母常常会选择用体罚的方法来教育孩子。体罚应该是父母无可奈何时的最后选择，但是这种方式也应该尽量避免。父母可以让孩子站在房间的一个角落，永远不要伤害到孩子，哪怕轻微的体罚行为都是暴力的一种。尽管这种方式可能会让他知道犯的错很严重，但是他的心里也会因为恐惧和爸妈之间产生隔阂。

走进男孩的内心

02

无论我们多么爱自己的孩子，如果缺少了科学的教育方式，有时候也无法让孩子感受到我们的爱。

作为父母，无论我们多么爱自己的孩子，如果缺少了科学的教育方式，有时候也无法让孩子感受到我们的爱。孩子们都渴望被了解，渴望被爱，大家总觉得女孩娇弱，需要呵护，需要爱，其实男孩也不例外。真正走进男孩的内心，了解男孩神秘而丰富的内心世界，才能让男孩主动向我们敞开心扉，家长才能做到和他们"无缝"链接。

## ❧ 了解男孩的敏感期 ❧

一个夏天的午后，天气非常炎热，妈妈在卫生间洗澡，5岁的皮皮突然闯了进来，看见妈妈的身体后，问道："妈妈，你尿尿的地方为什么和我的不一样啊？你为什么没有'小鸡鸡'？"这让妈妈觉得很不好意思，挥手就把皮皮赶跑了。

没想到过了几天，妈妈去幼儿园接儿子时，接到了儿子同学妈妈的告状，原来，女同学上厕所时，皮皮偷偷跑过去蹲在地上看人家上厕所，惹得好几个女同学都哭了。回到家，妈妈狠狠训斥了儿子，还抬手给了他一巴掌，骂他小小年纪就要学坏……

其实，案例中的皮皮妈妈并不知道，儿子并不是学坏了，而是到了探索身体的性别敏感期。从3岁起，男孩就已经有了性别意识。4—5岁，男孩对性别的关注更是到了顶点。这个时期的男孩因为对身体的不同产生疑问，并竭尽可能去观察探索，常常会让父母感到尴尬。

当儿子对人体进行探索时，父母首先要保持平常心，回避反而更加刺激他们。当儿子了解到真相后，就不会采取"偷窥"或者其他方式来满足好奇心了。如实回答儿子的疑问，虽然不一定非常专业和详细，但可以满足他的探索需要。同时，爸爸要多和儿子交流。父母和儿子交流时不仅要关注生理上的性别差异，更要关注社会行为上的不同，帮助儿子形成正确的性别观念。要知道生理探索是男孩形成正确性别意识的关键期，父母的正确引导非常重要。

除此之外，父母要知道，孩子的童年期是由许多敏感期组成的。一般分为语言敏感期（0—6岁）、秩序敏感期（2—4岁）、感官敏感期（0—6岁）、对细微事物感兴趣的敏感期（1.5—4岁）、动作敏感期（2—6岁）、社会规范敏感期（2.5—6岁）、书写敏感期（3.5—4.5岁）、阅读敏感期（4.5—5.5岁）、文化敏感期（4—6岁）……

不过，儿童敏感期年龄段的划分只是一个大致的划分，每个孩子的特质不同，所以敏感期在出现的时间上会有一些差别。

在整个童年时期，有的敏感期出现后就过去了，而有的敏感期是一直伴随着孩子发展的。这些敏感期被称为"螺旋状的敏感期"。所谓"螺旋状"，是指在孩子的每个年龄段都会出现，比如绘画、音乐、语言、审美、对空间的认识、人际关系、秩序、自我认识、婚姻等敏感期。这些敏感期在每一个年龄段又会有不同层次的表现，如绘画的敏感期，2岁左右的孩子就能够涂鸦了，到了3岁左右可以画出一个大体的形象，然后开始喜欢使用色彩，到了5岁左右是最突出的阶段，时常有大量的作品，等到6岁左右时，有的孩子都能画简单的连环画了。再如，孩子的身体大动作的发展就带有明显的空间发展特征，从爬到走，从走到跑，从单腿跳到双腿跳，从垒高到攀爬，孩子经历了一个又一个大动作发展的阶段，大动作的完成不但使他们的身体认识了空间，同时也发展了他们的心理空间，即安全感。

童年就是由这样一个又一个的敏感期组成，敏感期是孩子天赋的学习催化剂。作为父母，要练就一颗"敏感"的心，掌握孩子的敏感期。当观察到孩子的某项敏感期出现时，应尽力为孩子布置丰富的学习环境，准备一个满足他成长需求的环境。同时，当孩子热衷于某项兴趣的事物时，父母应放手让孩子自己做，适时协助而不是过多干预。抓住敏感期，帮助孩子健康成长。

## ❀ 以朋友的立场理解男孩 ❀

李女士的儿子锐锐今年已经上初二了。一年前，李女士主动加了儿子的微信，每天看儿子在朋友圈里晒学习、生活中的小事，李女士觉得自己多了一个了解儿子的渠道。但最近几个月，她发现自己看不到儿子更新的朋友圈了。原来，自己被儿子屏蔽了。李女士自认为和儿子相处融洽，但被儿子屏蔽了朋友圈，李女士觉得自己很挫败。

一天晚上，李女士和儿子聊起来才知道，原来在儿子心中，妈妈并不是真正理解他。处于青春期的他正处于心理"断乳期"，有自己的生活逻辑和思维方式，认为自己已经是一个大人了，而妈妈却在潜意识里一直觉得儿子永远是长不大的孩子，应该严加管束。尤其是当儿子前段时间和几个同学组了个小乐队，有时放学后会约着一起排练，李女士觉得儿子耽误学习、不务正业，经常训他，儿子觉得妈妈简直就是老古董，根本就和自己有代沟，更不愿意和妈妈敞开心扉交流了。

苏联教育家伊安·凯洛夫说过："父母与孩子之间，多因彼此不了解发生误会，多为沟通少产生矛盾，多是没有平等交流而伤了两代人的关系……如果父母学会了与孩子做朋友，这一切问题都会迎刃而解。"

其实，很多家长内心深处并不是"老古董"，他们也想和孩子做朋友，也想和孩子相处融洽，但很多时候，这只是家长的"一厢情愿"，因为没有充分理解孩子，所以并不知道孩子心里想的是什么。

俗话说，"知己知彼，百战百胜。"教育孩子也是一样，要想和你的男孩做朋友，妈妈们可以试着这样做——

## 放下高高在上的心理

阳阳是一个天生敏感胆小的孩子，做事情总是畏缩不前。老师上课时让同学们积极发言，阳阳知道答案也不敢举手，老师叫到他发言时，他的声音低得只有自己能听见。不仅在课堂上如此，平常说话，他也不敢大声，课余也不敢与小伙伴们一起玩耍。阳阳在别人眼中是一个有问题的孩子。

阳阳妈妈并没有因为儿子胆小而责怪他，她放下父母高高在上的心态，经常与儿子一起玩耍、做游戏，鼓励儿子大声说出自己的想法，用各种方式激发孩子去做一些以前不敢做的事情。一段时间之后，儿子敢与别的孩子一起做游戏了，也能在上课时主动举手回答老师的问题，成了一个活泼开朗的孩子。

为了培养出身心健康的孩子，父母应该丢弃高高在上的心理，与孩子像朋友似的交流，而不是命令、指挥孩子。尤其是对于天性胆小的孩子，父母更须加倍呵护。但要把握分寸，不能对孩子过于放任，导致以后难以管教。

## 要有"同理心"和"童心"

"同理心"就是指两代人都能够设身处地地从对方的角度来看问题，像感受自己一样去感受对方的内心世界。尝试着从孩子的立场来了解孩子，与孩子产生同样的感受和体验，这是一种教育能力。"将心比心"这句话说起来容易做起来难，但要想成为一个称职的家长，面对儿孩子就必须学会换位思考。唯有如此，孩子的心灵才会向你敞开，教育才会得心应手。

另外，父母要想和孩子做朋友，在日常生活中就应多安排一些与孩子一同活动的时间。在与孩子的共同活动中，要做到用心观察，体会孩子的视角，孩子的判断，孩子的行为方法，建立与孩子相适应的内心世界，使自己的童心复归。

## 树立终身学习的意识

家长要真正读懂孩子，就要不断地学习，切实提高自身素质。孩子的成长是一天一个样。随着孩子的成长，家长要不断学习，不断更新知识，研究孩子成长中的新问题、新特点，和孩子共同学习，共同提高。

## ❀ 男孩有时很脆弱 ❀

5岁的丁丁放学回来的路上摔了一跤，腿上瘀青一片，洇出血渍来了。丁丁一边爬起来一边抹眼泪，腿实在太疼了，他都不敢走路了。妈妈看到他抹眼泪，大声呵斥他："你是个男子汉，这点痛算什么？别哭了！"有一次，丁丁和小朋友一起玩，小朋友抢了他的玩具就跑了，追不上小朋友的丁丁坐在地上委屈地哭起来，妈妈在一旁看到了，说："你看你，别别扭扭的，真的不像个男孩子！"……

"你是男孩子，所以要勇敢、坚强！""你是男孩儿，男儿有泪不轻弹，所以把眼泪擦干，不能哭！"……相信诸如此类的话，作为男孩的家长都或多或少说过。诚然，男孩和女孩天生有别，所以需要承担的东西也相对比女孩有所不同，而作为男孩父母对于男孩所寄托的希望或者教育的方式也与女生有着天壤之别。

难道，要成为真正的男子汉，男孩就只能是永远逞强似的坚强，连眼泪都要远离吗？其实，男孩成长的过程中，他们体内的雄性荷尔蒙一直在起着很关键的作用，让他们敢于冒险、善于打斗、乐于挑战。他们越长大，也越学会隐藏自己的压力，以男子汉的形象不畏艰难、顶天立地。

实际上，男孩有时也很脆弱，英国学者瑟巴斯汀·克莱默曾在《脆弱的男人》一文中指出："男孩在婴幼儿时期，面临着更多的心理问题，因而他们需要特别的关照。"克莱默也曾经说过："人们看不惯男子汉的软弱，男人在任何时候都不能表现出脆弱的一面。所以，小男孩的压力也不小，他们更加敏感，在2岁以前，他们的很多天性和本能就被压制住了。" 无论从生理角度还是社会角度分析，男孩反而更容易受到伤害，显得更脆弱。

其实，男孩偶尔表现出的脆弱与他的哭泣一样，是正常情感的流露，父母不能因为他是男孩，就不允许他展现脆弱。在这个时候，我们反而应该抛开世俗的观念，理解他、鼓励他、支持他，他会因为感受到父母的爱而更加自信、更加强大。

## 允许男孩"示弱"，给他足够的安全感

当男孩遭遇人生的挫折时，他最需要的就是理解和鼓励，作为父母千万不要大声地数落他、责备他、批评他，否则他的内心会感到无助和失落，自尊心也会受到伤害。男孩也需要宣泄情绪，允许男孩"示弱"，耐心倾听他内心的声音，鼓励他，为他打气，给他足够的安全感，相信他能够找到自信，重获成功。只有这样，男孩才能学会在失落中为自己加油，成为一个内心强大的人。

## 当男孩脆弱时，就让他安静一会儿吧

有时，男孩因心灵受到重创而难过很久，在他没有恢复常态之前，都会显得很脆弱。也许事情并不严重，但他就是迟迟走不出心理阴影。此

时，家长不能用自己的思路去判断孩子的感受，而是要最大程度地理解他，帮助他。

同时，对于男孩的某些脆弱情绪，我们不需要看得很严重，要相信他有自我调节的能力。特别是男孩不想主动向我们表达的时候，我们不要强行逼问，更不能因为问不出结果就吼叫着指责他。让他安静地待会儿，让他从独处中能学会整理思绪、自我反省、更新心情。有时父母的盘问反而会打乱他的思绪，增加他的烦恼，不利于他尽快恢复心情。因此，如果男孩不需要，父母就不要用"安慰"打扰他。

某种程度上来说，男孩子愿意展示给家长他的脆弱，其实是对家长的一种信任。他知道他不足够强大，他需要家长有力的臂膀、强大的心理支持，让他有个港湾暂时休憩，补充能量。他也能够在父母身上寻找到榜样的智慧与力量，这就是他最需要汲取的能量，从而一路前行、无惧风雨。

## ❧ 维护男孩的自尊心 ❧

桐桐两岁半了，平时活泼好动，而且不爱哭。前几天下午一家人在客厅里休息，桐桐捧着刚刚搭好的积木房子跑到客厅想给大人们看，结果刚到客厅，积木就全掉地上散了，大人们哈哈笑了桐桐的洋相，结果桐桐"哇"的一声哭了。这件事儿还没完，一直到当天晚饭后，妈妈发现桐桐竟然一个人默默流泪。

平时如果逗孩子，看到儿子憨态可掬的模样大家哈哈大笑，儿子也会跟着笑，这次居然意识到大家在笑他。后来，妈妈温柔地抱着桐桐安慰起来，大家笑是因为觉得他可爱，而不是嘲笑。虽然桐桐不一定能听懂，但妈妈意识到儿子已经有了自尊心的意识，平时在生活中自己要注意维护儿子的自尊心。

自尊心是人类特有的思维活动，是向上的内在动力。幼儿期是孩子自我意识的形成时期，此时，他们开始注意别人对自己的评价，保护自己的自尊心。孩子的自尊心是孩子健康成长的重要心理因素，如果损害、挫伤孩子的自尊心，孩子就会失去前进的动力和勇气，从而带来不良的后果。

在日常生活中，我们常常会遇到这样的情况，有些家长对孩子事事处处不放心，在家里这也不让做，那也不让碰。有的孩子想帮家长择菜，家长怕孩子择不干净、添麻烦而粗暴地阻止；家里来了客人，孩子想和客人一起玩，家长怕孩子调皮、给自己丢面子而把小孩支出去……实际上，这种"不让做""不放心"会损伤孩子的自信心和自尊心，使孩子产生自卑感，并对家长产生对立和不满的情绪。那么作为妈妈，应该如何维护男孩的自尊心呢？

## 明确表达对男孩的爱与支持

妈妈一直忙于跟邻居聊天，还把邻居家的女儿小米搂在了怀里。没想到6岁的儿子突然从后面狠狠地打了小米一拳，吓了她一跳。妈妈本想责骂他一句，可看到儿子看小米的眼神，妈妈一下子明白了：儿子是嫉妒他的同伴，他也需要妈妈的爱。

妈妈温和地说："小家伙，快过来，让妈妈抱一抱吧！"儿子马上听话地、幸福地依偎在了妈妈怀里。

很多时候，男孩常常拐弯抹角地寻求妈妈的爱，因为自尊心使然，他们不愿意表现得过于软弱，让人觉察出他们的需要。作为父母，别忽略了给予男孩的爱，而且要直接、明确地给予他，这样男孩才能感觉到支持，感觉到温暖。

## 尊重孩子，不要让孩子当众出丑

维护男孩的自尊心，家长切忌在外人面前批评或讽刺孩子。3—6岁的孩子开始有了强调自己尊严的愿望，希望自己能受到别人的重视和尊重。有的孩子晚上尿床后，家长就讽刺、挖苦孩子，第二天还告诉幼儿园老师和其他小朋友，使孩子"当众出丑"。也有些家长一碰到熟人就当着孩子面数落孩子如何调皮、不听话，如何不懂事，把孩子数落得一无是处。家长这种做法会严重伤害孩子的自尊心，使孩子心理上产生种种不正常的反应。如果家长不注意教育方式，经常使孩子出丑，将会使孩子变得不以为耻、习以为常，无形中对不好的行为起到强化作用。

## 掌握分寸，谨慎利用惩罚

在父母眼里，很多男孩调皮、任性，似乎不惩罚就不长记性，不教育不行。但教育的目的是让他知错就改。打骂、训斥、恐吓是强烈的刺激，如果经常训斥、惩罚孩子，将会使孩子具有适应训斥的能力，如果妈妈不断训斥孩子，孩子适应"被训斥"的能力不断提高，最后训斥不但达不到预期的效果，反而使孩子出现逆反心理。

在教育男孩的过程中，虽然适当的惩罚是必要的，但父母一定要掌握分寸，防止惩罚过度让孩子的自尊心受到消极影响，出现自尊的下降。当孩子真的犯错并且需要惩罚时，家长要调整自己的情绪，按照规则和约定，对同样的错误实施相同的惩罚。如果被孩子的行为激怒时，最好不要实施惩罚。另外，一定不要将讽刺挖苦作为惩罚。要知道，惩罚孩子的目的是帮助他改正错误，而讽刺挖苦和恶语谩骂已超越了孩子的理智能够接受的范围，将会刺伤孩子的自尊心，并使教育效果大打折扣，甚至失去说服力。

总之，父母要重视和保护男孩的自尊心，尊重孩子，当孩子有缺点错误时，家长应先了解情况，再根据事实讲道理，做适当的批评教育。批评要注意分寸和场合，尽量避免把孩子的错误公布于众，也不要对孩子算老账，更不能动不动就惩罚孩子。

## ❀ 不要把别人家的孩子挂在口头上 ❀

每次马丁考完试，妈妈都会关心他在班里的成绩情况，她会问得很细致：最高分多少？90分以上的有多少人？不及格的有几个人？妈妈认为，这是家长对孩子学习的一种关心，这样才能了解儿子在班里的大概水平，是进步还是退步，做到心中有数。

为了激励马丁，妈妈很少表扬他，总会时不时地拿马丁和别人家的孩子比较。有一次马丁语文考了80分，本来妈妈还挺高兴的，后来知道原来考卷很容易，大部分同学都考到85分以上，她开始激将马丁："一个班里学习，隔壁家的琳琳都考了90多分，你怎么就考80分？"期末考试，马丁考了第10名，妈妈又开始说他："琳琳每次都是前三名，也不知道人家是怎么学的，你也去找人家学学经验。"

原来，隔壁家的琳琳是马丁小时候的小伙伴，也是同班同学，她的学习成绩非常优秀，还参加过奥数竞赛，拿过几次奖。妈妈平常最喜欢说的话就是，"你看看人家琳琳，你要是有她一半，我们就不用操心了。"基本上每次考试，妈妈都要把马丁的成绩和琳琳作比较，每次比较，马丁都处于劣势，渐渐的，只要妈妈一开口提琳琳，马丁都特别反感。

有一次，妈妈又拿马丁和别人比较，马丁脱口而出："你觉得别人家的孩子好，你去给别人家的孩子当妈吧！反正在你眼里，我永远比不过别人家的孩子！"

对于很多家长而言，在孩子面前总会不自觉地说起别人家的孩子，觉得可以激励孩子更努力，但常常事与愿违，因为没有一个孩子喜欢被自己的父母评价为不如人！即使他做得真的不如别人好，也不希望父母心里有这种对比。这会让他觉得在父母的心里自己是最差的，从而导致自我评价降低。

## 尊重差异，让孩子自己跟自己比

刘女士平常经常喜欢把"看别人家的孩子"这句话当成口头禅。儿子很小的时候，还没什么反应，但当她在儿子四年级那年，再一次说出那句"看别人家的孩子……"时，儿子反问了一句："妈妈，隔壁欣欣的妈妈懂四国语言，你咋连英语都不会啊？"

那一刻，刘女士恍然大悟，原来人与人就是有差别的，并不是别人能做到的，你就能做到！大人如此，何况孩子呢？

由于家庭背景、成长经历等众多原因，每个孩子的发展速度、认知能力、生活经验、学习方式等方面都不相同，因此，孩子即时的、外显的行为没有优劣之分。

聪明的家长从不与其他孩子作比较，而是和孩子的过去比。对于幼儿来说，他的自我意识最初是通过成人的评价获得的。而对于年长的孩子来说，家长能够发现自己孩子的独特之处，会让孩子在成长的过程中对你充满感激。

这世上没有两片完全相同的树叶，但这并不妨碍每一片树叶都构成独特的风景。儿子在某些方面是比不上别人家的孩子，但他的身上，一定也有别人家的孩子比不上的优点和优势。我们与其拿"看别人家的孩子……"这句口头禅来刺伤孩子小小的自尊心，还不如去鼓励他在自身的优点上做更多的努力。

## ❀ 用倾听走进男孩的内心 ❀

明明是个六年级的男孩，今年12岁。活泼好动的明明虽然很聪明，但学习成绩很一般，与父母的关系也不好，经常与父母对着干。

期末考试结束后，明明的成绩又不太理想。他闷闷不乐地回到家里，看到妈妈正在厨房做饭，便在客厅看起了电视。妈妈走过来"啪"的一声把电视机关了，问道："儿子，这次考得怎么样？"

还没等明明开口，妈妈就开始数落他："唉，知道问你也是白问，肯定不好呗。平时看你做的那些事就知道，每天不是玩游戏就是看电视，从来也不主动学习，真不知道你怎么想的！"

明明刚想开口辩驳，妈妈又是一顿数落。于是明明干脆沉默起来，也不认真听妈妈说话。妈妈自顾自地唠叨了一会儿后竟然又说："怎么就让我说，你一点儿反应也没有啊，这熊孩子！"

生活中，这样的妈妈不在少数。在我们身边，有很多父母经常会有这样的抱怨："我的孩子什么事情都不愿和我们讲。"而孩子却诉苦说："爸爸妈妈不理解我的需要，他们想对我说的时候就说个没完，可是我想说的时候，他们却心不在焉。"在家庭教育过程中，这种情况非常普遍。

有位教育名家曾经说过："多蹲下来听孩子说话，你看到的将是一个纯真无邪的世界。"也就是说，父母只有放下成人的架子，才能真正了解孩子的心理和需求，也才能真正了解孩子的内心世界。

孩子每天也面临着各种各样的困惑和难题，他们也有自己的喜怒哀乐。当他们遇到不开心的事情，也很希望找个人来诉说。如果父母能在这个时候倾听他们的诉说，无疑能增强自己对孩子的了解，更有利于建立良好的亲子关系。许多父母对突然发脾气的孩子不知所措，甚至给孩子的情绪火上浇油，不问原因地责备他们，从而导致恶性沟通。

在良好的亲子关系中，倾听不是一种被动的沟通，而是让孩子及时宣泄自己的情绪，发表自己的感触。对于孩子的所说所感，尤其是孩子在情绪不好时发表的一些极端看法，父母不要急于纠正，而应该以宽容、开放的态度表示理解。如果父母能认真倾听孩子的苦恼和想法，那么对于孩子来说是一种尊重。孩子体会到尊重的同时便会认真听取父母的指导和意见，这样，良好的沟通效果就达到了。

"倾听"表面上看起来是一件非常简单的事情，可实行起来却非常复杂。许多父母认为倾听还不容易，就是听孩子说话呗。没错，倾听就是听孩子说话，但怎样听才能更有效呢？

## "蹲"下来听他说

父母要想走进儿子的内心世界，就应该放下居高临下的姿态，"蹲"下来认真地倾听儿子说说心里话。高高在上的姿态不会让孩子完全敞开心扉，把自己心里的所想所感一一告诉你，父母也难以真正地了解孩子。

11岁的浩然是个五年级的小男生，他就很讨厌和妈妈说话，因为妈妈并没有把他当成一个平等的对话者。一次，浩然想报名参加一个足球兴趣班。妈妈听了之后便说："练足球肯定会影响学习啊，不行！"而且妈妈还一再强调，"足球不是小升初考试的科目，不需要学。"浩然几次想解释都被妈妈"不可侵犯"的语气吓回来了。于是他又一次选择了沉默，学习成绩也一日不如一日了。

父母应该"蹲"下来认真倾听孩子说话，即使孩子做的事情真的不对，也不能急于责备，而应该认真地询问孩子行为背后的原因，让孩子敞开自己的心扉。高高在上的态度和不容侵犯的权威只能是让孩子不敢说出自己的心里话。

## 让孩子知道"我想听"

父母是孩子最想依靠的人，当他们遇到不开心的事情时也最想向父母倾诉，但此时父母却极有可能回答一句：我知道你想说什么，这件事情应该怎么样怎么样……事实上父母了解的可能只是某件事情，但却不了解孩子心里对这件事情的想法。

淘淘今年12岁，与父母相处融洽。有一次，淘淘被老师误会上课不专心，心情很不好。其实妈妈已经从老师那里得知了这件事，但是看到淘淘很沮丧，妈妈便告诉他："有什么烦恼的事情，告诉妈妈，或许妈妈可以帮你！"于是淘淘就把整件事的原委告诉了妈妈："其实我是把笔弄掉了，弯腰去桌子下捡笔，却被老师误会了，你说我冤不冤啊？"

妈妈听了之后便安慰淘淘，并让他理解老师。把事情的原委告诉妈妈后，淘淘的心里舒服多了。

当孩子遇到不开心的事情渴望别人倾听时，父母可以通过各种途径告诉孩子"我想听"。而且在倾听的过程中，还应该及时地对孩子的想法表示肯定，例如说一句："妈妈跟你的想法一样啊！"

## 要善于使用身体语言

在人与人的沟通中，身体语言占很大比例。善于使用身体语言，可以使交流事半功倍。而在倾听中，最常用、最简便的身体语言就是微笑、点头和身体前倾。需要注意的是，做这些动作要适时、适度，神情专注。若只是机械、随便地做出身体动作，或者眼神飘移，孩子很快就会发现你心不在焉，从而影响孩子的倾诉。

德国教育学家卡尔·威特曾经说过："倾听是一种重要的沟通方式，不会倾听孩子心声的父母永远无法走进孩子的内心，他们对孩子进行的教育也是盲目和无效果的。"改善亲子关系，从倾听开始。

## ❀ 妈妈，请保持你的幽默感 ❀

关于女人的幽默感，世人始终存在一种成见：幽默感是一项社交工具，而男人社交的机会远远多于女性，因此，男性天生比女性富有幽默感。因此，大部分女人都把幽默的任务推给了男性，自己却普遍缺乏幽默感。而在亲子关系中，妈妈的幽默感十分重要。

首先，幽默感建立在健全人格的基础上。一个人首先要懂得接受自己，也懂得接受别人和生活中好的部分，也能坦然面对生活的缺陷，才能幽默得起来。其次，幽默感不是一种本能，而是一种智慧和后天修养的表现，包含豁达和自信，也显示着一个人对新事物的接纳。很多笑点是很有时效性的，只有对新事物保持从不间断好奇心的人，才能领会这种幽默。再次，幽默感是家庭关系和人际关系最好的润滑剂，帮助化解尴尬，强化人际互动，基本是一个人综合素质的最直接体现。

作为妈妈，如果时常用幽默的方式与男孩沟通，就有助于把他培养成一个幽默的人。这样不仅可以让他在面对生活中不愉快时保持乐观的心态，而且可以让他把快乐带给自己和身边的人。可以说，具有幽默感的男孩会拥有更快乐、更积极的人生。

因此，我们要做一个有幽默感的妈妈，以幽默的方式与男孩沟通。那么，要想成为一个有幽默感的妈妈，需要注意哪些呢？

### 幽默的语言以不伤害他人为原则

幽默不是油腔滑调，也不同于嘲笑和讽刺。幽默是在玩笑的背后隐藏着对事物的严肃态度，不能让孩子产生受嘲弄或被讽刺的感觉。另外，幽默常常是一种宽容精神的体现，要善于体谅他人，做一个好的榜样，不要讲低级的笑话。如果别人讲了一个伤害性的笑话，不要笑，给孩子解释为什么不好笑，还要告诉孩子哪些场合讲笑话比较合适。

### 适时幽默，考虑孩子年龄

有时候，妈妈认为好笑的语言或动作，孩子不见得有同感。但孩子认为好笑的语言或动作，妈妈要陪孩子一起笑（虽然从大人的角度来看不见得好笑）。

幽默感的培养不是刻意的事情，可以融汇到生活中，有时乐观地面对困难，就是一种幽默；有时，巧妙地回避尴尬，就是一种幽默。幽默有时并不是一种方法而是一种人生态度。妈妈一定要有幽默的态度，才能潜移默化地影响到男孩的性格。

## ❈ 妈妈更需要自我成长 ❈

一个小学五年级男生在作文《我的妈妈》里这样写道：我的妈妈不上班，平时就喜欢打牌和看脑残的电视剧，一边看还一边骂，有时候也跟着哭。她什么事也做不好，做的饭超级难吃，家里乱七八糟的，到处不干净。

她明明什么都做不好，一天到晚光知道玩儿，还天天叫累，说都是为了我，说我快把她累死了。和我一起玩的同学的妈妈，小青的妈妈会开车，她不会；小林的妈妈会陪着小林一起打乒乓球，她不会；小宇的妈妈会画画；瑶瑶的妈妈做的衣服可好看了。我都羡慕死了，可是我妈妈什么都不会。

我觉得，我的妈妈就是个没用的中年妇女。

不知道这个男孩的妈妈看到儿子作文里的自己，会作何感想。一个在儿子眼里"没用的中年妇女"，又能有怎样的教育威信呢？

很多妈妈常常有类似烦恼：孩子不听话、哭闹、自私、胆小……却很少有妈妈能自问：我做了什么让孩子有这些表现？我如何做才会让孩子更愿意沟通，更有安全感，更有爱心，更勇敢……当我们批评孩子缺少自律时，想没想过正是因为我们习惯了放纵自己，约束孩子？当我们抱怨孩子爱慕虚荣时，想没想过正是因为我们常常拿孩子和别人比较？当我们指责孩子缺乏担当时，想没想过正是因为我们自己经常守不住自己的界限或逃避责任？……

有人说，做了妈妈的女人，便不再是"自己"了，但不再是"自己"绝对不等于放弃和丢失自己，而是在照顾孩子、照顾家庭的过程中，不断地学习，不断地努力，不断地完善自己。

许多妈妈，结束了读书生涯，有了工作，有了家庭，有了孩子，达到了一种表面上的"圆满"，便放弃了自我探索。生活遵循"最安逸原则"，看上去悠然自在，轻松洒脱，生活稳定，令人羡慕。其实，很多人生议题并没有完成，而是搁置在那里。打个比方，这很像"成长的断崖"。很多妈妈自认为选择了一条安逸的路，结果却被动地陷入烦恼的泥沼。到头来，付出的不是更少，而是更多。

有位妈妈感慨：我现在才理解"孩子是天使"这句话，如果不是养育他遇到困难，我不会去探索，不会深刻反思自己的成长历程和思维模式。现在，我的生命在走向开阔，这是孩子带来的改变。

如果我们抗拒成长，就会把成长的任务转嫁到孩子身上。如果我们不能接纳自己，对自己不满意，就格外需要一个令人满意的孩子。如果我们不能处理好亲子关系，心中就会有一个"理想小孩"的形象，希望孩子主动符合我们的期待。

于是，很多妈妈的生活几乎和孩子绑定在一起，共进退，同悲喜。孩子被老师夸奖了，这一天就非常愉悦；孩子考试考砸了，心情顿时灰暗下来。如此一来，孩子就会变成人生最大的寄托。一个孩子，很难担负两个人的成长任务，这样的状态，注定会出问题。

妈妈选择与孩子一起成长，意味着要面对人生的问题，寻求答案，完善自我。

教育孩子的王道，是执着地栽培自己。作为妈妈，最理想的状态——孩子懂的，我们懂；孩子不懂的，我们也懂，至少，我们要与孩子有交集。这个漫长的求索过程，既是为自己，也是为孩子。孩子的起点，是父母的肩膀。如此说来，孩子永远不会有相同的起跑线。

孩子的教育，拼的是功底，拼的是父母的处世态度和人生感悟。父母的整个人生，都会参与到教育中来。一个勤奋好学、不放弃自我成长的妈妈，显然对孩子的教育会多一份笃定和自信。

青春期的秘密请别碰

03

青春期的日子里，他们有喜有忧，有笑有泪，有着更多的困惑和烦恼。

当男孩进入青春期，家长会发现，他们已经有了大大的不同，不仅身高、体重迅猛增长，他们开始关注自己的身材和外貌，甚至变得爱臭美。他们有了自己独立的兴趣、见解和主张，不再轻易顺从父母的安排，他们开始对异性敏感，甚至有些男孩子偷偷开始了恋爱……在青春期的日子里，他们有喜有忧，有笑有泪，有着更多的困惑和烦恼。男孩青春期的秘密，妈妈们了解多少呢？

## ❀ 从小开始正确的性教育 ❀

嘟嘟从2岁开始就有一个不好的习惯，睡觉时手捂着私处。每天忙于工作的爸爸妈妈并没有发现孩子的这个行为。嘟嘟3岁上了幼儿园，幼儿园里的床铺都是连着的，冬天时被子比较厚，嘟嘟捂着私处睡觉没有被任何人发现。夏天到了，厚被子换成了毛巾被，"嘟嘟，你睡觉的姿势好怪哦！"临床的小同伴午睡起床后跟嘟嘟说道。嘟嘟不自觉地有些脸红，"哪里怪，不用你管！"三四岁的小孩已经可以用简单的话语交流，而且他们已经会"不好意思"了。同伴的话给了嘟嘟一个提醒，往后的午睡，他都是等身边的同伴睡着后再休息。但是这个小机灵鬼并不知道，老师已经开始注意他这个行为了。终于有一天，当妈妈把嘟嘟接回家后开始对他进行"审问"。

"嘟嘟，你为何睡觉时老捂着自己尿尿的地方呢？"突如其来的质问令孩子不知所措。"哇……"嘟嘟大哭起来。

"以后不许再捂着了啊，这样太丢人了！以后你要再这样就得挨打了！记住了没有？"因为不理解儿子的行为也不知道怎么和儿子解释，妈妈简单粗暴地训斥了嘟嘟。看着嘟嘟委屈地大声哭起来，其实妈妈的心里也非常迷惑，孩子到底是怎么了？

现实生活中，嘟嘟妈妈的困惑并非她一个人有，很多父母都会对孩子碰触私处这种行为产生疑问。孩子为何出现这种行为呢？

其实，2—5岁的孩子处于性敏感期，这一时期，孩子的注意力开始有了转移，通过抚摸私处来获得身体的快感和满足，这种愉悦的感觉来自对性器官的刺激。但这种幼儿期的自慰和成年人的手淫是两种不同的概念，性质也完全不相同。孩子的这一行为既无成年人的性意识也无性交意愿，更没有成年人的性生理反应，在孩子的心中，这完全是一种性游戏而已。

但家长在这一时期，看到孩子玩弄生殖器，大都会感到恐慌和不安，往往出于成年人的偏见对孩子的这一无意识行为进行阻拦和责备，对孩子进行有害的性教育，把性说成是下流、肮脏和不健康的。而家长这种做法很可能对孩子造成心灵的伤害，甚至会使孩子对性产生罪恶感和恐惧感，还可能造成孩子成年后的性功能障碍。

家长要注意自己的言行，更要在这一时期对孩子进行恰当的性教育。孩子是否能够正确看待性问题，关键在于父母是否从小对孩子有正确的性教育。那么，对于男孩来说，性教育应该怎样进行呢？

## 把性教育贯穿在日常生活中

男孩出生后，家长在取名、着装、生活用品的选择上就要注意"男女有别"，以免他们从小对自己和他人形成性朦胧意识，从而影响性取向。当他们能听懂言语时，家长应把性教育贯穿在日常生活中，如在洗澡、修整发型及玩具选择等方面要有明确的性别区分，还可通过书报、画册、影视、讲故事等去引导他们观察动物、植物的生长和繁殖，使他们对生殖产生一种自然的认识，从而使他们接受大自然，热爱人类，认识生命本质。

## 不回避，满足孩子好奇心和求知欲

父母在家庭生活中，要选择适当时机，如洗澡、睡前等，很自然地让男孩认识自己的身体，尤其是要男孩认识到生殖器官与人体其他器官一样并不神秘，而且引导他们要保持清洁，养成良好的卫生习惯。当他们提出有关性方面的疑问时，父母不应回避，宜用孩子能理解和接受的言语和方式予以解答，使孩子的好奇心和求知欲得到解决和满足。如果儿子在家翻出几个避孕套出来，也不要尴尬，可趁此机会向他讲解一些生理知识。

总之，对男孩进行性教育时，既要如实相告，又不能太复杂。既要满足他们的求知欲，又要把一些具体细节很自然地延迟到他们的未来生活中去了解。同时，父母自身行为的规范也很重要。父母之间感情真挚、融洽，道德高尚，给孩子树立良好的榜样，就会使孩子热爱人生，热爱生活，正确对待性的问题。

## ❀ 不要回避敏感问题 ❀

刘女士的儿子大力刚上初一，变声期的他声音有了变化，个头也蹿了一大截。有一天，刘女士在帮儿子收拾房间时，突然在抽屉的底层发现了一套黄色光碟。刘女士慌了神，她不知道自己该怎么办，原封不动地放回原处显然不妥，如果纵容儿子继续看下去，又怕儿子学坏了，可是如果开门见山地和儿子谈，她又实在开不了口，总觉得和儿子谈性教育太敏感，迷茫的她纠结起来……

步入青春期以后，男孩外表变化很大，身材魁梧起来、声音低沉洪亮。脸上开始长出了胡子，喉结渐渐突起，肩宽胸阔，四肢也变得粗壮而结实。青春期的孩子，不同于单纯的儿童期，性器官的发育成熟，全身心发生了迅速的变化，但生理上的发育成熟并不代表心理上的成熟。

然而，很多父母的观念并没有跟着孩子一起成长，他们总认为孩子还小呢，面对孩子突然出现的各种问题，习惯了含含糊糊，羞羞答答，这种态度反而增加了性的神秘色彩，更加激起孩子的好奇心。作为妈妈，怎样应对孩子青春期成长过程中遇到的敏感问题呢？

## 坦然面对，给男孩正确的引导

在性心理方面，青春期男生往往是好奇与恐惧并存，甚至有时候很容易冒出"怪"想法和"怪"行为。作为家长，一定要有充分的心理准备，坦然面对，及时正确地对孩子进行引导。家长一味地"谈性色变"只能让青少年更加敏感地想去尝试，甚至误入歧途。对于儿子提出的性问题，家长首先要端正自己的思想，这样才能给男孩正确的引导。

## 鼓励爸爸当好儿子的青春期"老师"

前不久，张女士下班后，12岁的儿子突然跑来说自己嗓子里长东西了，想让她带着去看医生。问了儿子具体情况才弄明白，原来这小子不过是长了喉结而已。

张女士思来想去觉得儿子已经到了青春期，让老公给儿子上堂生理课更合适，于是她在网上下载了一些国外青春期教育的绘图和文字交给老公，当天晚上她借机出去遛弯，给了父子俩一个单独交流的空间。于是，爸爸跟儿子讲了为什么会长喉结，到了青春期身体还有哪些器官会发生改变，还告诉他睡觉会发生"遗精"，那不是尿床，是一种正常的生理反应。

后来，儿子告诉张女士，其实之前班里男生在一起也有人说过这样的事情，但是大家都不懂，有的说弄个"黄片"回来看看就明白了，现在通过爸爸这么一讲反而踏实了。

对于青春期的男孩来说，爸爸的作用不可低估。尤其是成长过程中遇到的敏感问题，妈妈应该鼓励爸爸参与面对。爸爸要在日常生活中树立正面的榜样，不妨多和孩子讨论这方面问题，告诉他什么是真正的男子汉，在生活中也要以身作则。作为同性家长，爸爸可以更方便地和儿子谈起当年自己青春期的经历，和儿子达成共情。

## ❧ 为男孩进入青春期做心理铺垫 ❧

上初二的男孩丁丁最近很是苦恼，每天放学后吃完饭就把自己关到卧室里很少出来。妈妈发现丁丁虽然行踪诡秘，但是变勤快了，最近的衣服内裤都是自己洗，周末的时候，丁丁竟然主动把床单撤下来扔到了洗衣机里。终于有一天，丁丁忍不住向妈妈哭诉，他觉得自己可能要变成流氓了，因为晚上总会悄悄把床单弄脏……

看着丁丁难堪的样子，妈妈自责起来，她后悔自己没有及时给予儿子青春期教育，以至于儿子遇到问题措手不及。

作为过来人，家长一定要提前为儿子进入青春期做好心理铺垫，要不然等他们真正遇到问题时往往会如临大敌。那么，男孩青春期心理主要有哪些变化，妈妈一定要提前做好功课。

### 性心理的变化

进入青春期发育初期，男孩开始对异性敏感，本能地产生对异性的疏远与反感。随着性发育渐趋成熟，在雄性激素的作用下，会产生性幻想，甚至会想到和心爱的女孩性接触，进而产生遗精现象。

## 交际方式的变化

青春期的少年开始主动与家庭外的人建立关系。他们渴望友谊，希望有倾诉心声的朋友。他们具有自发形成的社交能力，有的青春期男孩社交能力比较差，往往会感到孤立、寂寞或者无助。青春期男孩的成长过程中，同伴和群体的作用甚至超过了长辈的影响。

## 独立意识增强，关注自己的形象

青春期的男孩有了自己独立的兴趣、爱好、见解和主张，他们不再安于爸爸妈妈的袒护和安排，而是有了自己独立的意识和独特的行为方式。进入青春期之后，男孩子开始关注自己的身材和外貌，并且有了爱美的意识。

## 自尊心增强

青春期男孩已经开始注意自己在社会中的角色，关注家长、同学、老师和邻里对自己的评价，并且希望得到理解、尊重和宽容。青春期男孩有了儿童期没有的诸多变化，他们慢慢地走向成熟。在这转化的过程中，有喜有忧，有笑有泪，有对性心理的困惑，有对周围人不理解的烦恼，有自己的特立独行，也有同伴之间的互娱互乐。

知道了青春期男孩的心理变化后，家长又该怎么做呢？

## 主动和男孩"谈情说性"，教其正确对待

对于男孩来说，进入青春期后，无论是身体还是心理的变化往往是很

突然的，假如事先没有准备，他们有可能烦甚至惊慌不安，以为自己的身体出了问题，尤其他们不了解别人其实也和他们一样面临同样的烦恼，因而，这种"与众不同"的感觉让他们变得特别敏感和自卑。为了让孩子能从容应对，减少情绪上的波动，家长应该适时地把相关知识和他们聊一聊，应该主动和孩子谈一谈性，谈一谈爱情，告诉孩子一些需要掌握的科普知识。因为如果在家长那里得不到有效信息，孩子们也迟早会通过各种途径去了解，通过不健康的渠道得来的信息往往会贻误孩子。

## ❀ 教育男孩尊重女性 ❀

在很多校园暴力案件中，不乏女生遭遇同班男生侵害的事件。作为家长，要培养男孩的绅士风度，就要培养他尊重女性的意识。

要让男孩从小养成尊重女性的品格，首先是要让男孩明白男女之间生理构造的差异直接导致了男性和女性力量的悬殊，要让男孩子从小养成对异性尊重的习惯，明白异性并不是可以随意侵犯的对象。因此，家长应教育男孩，在生活中尽可能多地照顾女孩子，给男孩子传递照顾女性、保护女性的价值理念。不仅如此，男孩在照顾女孩的过程中，还能进一步体验到自己的性别角色，有助于养成健康的品行。那么在日常生活中，如何教育男孩尊重女性呢？

### 告诉他们开玩笑要适度

很多男孩子喜欢开玩笑，妈妈一定要教育儿子，开玩笑要适度，尤其是不能拿女性的身体开玩笑，更要防止他出现女性的无礼言行。

## 以身作则，爸爸作表率

家庭教育中，爸爸妈妈之间的相处模式也会给孩子带来很大的影响。爸爸对妈妈的态度直接影响到孩子对其他异性的态度。爸爸对妈妈多一点儿关怀和尊重，男孩便学会自己也要对异性多一点儿关心和照顾。

## 不要溺爱男孩

作为男孩的妈妈，请不要让他过"衣来伸手饭来张口"的生活，不要事事满足他。如果溺爱孩子，有可能会产生两个消极影响：一个是男孩永远学不会照顾自己的一些必备家务本领，如何洗衣服、如何做饭等。第二个在他的成长过程中，他会认为那些理所应当是妈妈的任务，换句话说，是"女性的工作"。

因此，即使让他自己去整理自己床铺、洗自己的衣服会引起儿子的不快，也要坚持让他自己去做。这个过程可能会花费一些时间，但还是坚持让他们自己去学会。

## ❧ 帮男孩建立正确的爱情观 ❧

"关关雎鸠，在河之洲。窈窕淑女，君子好逑。"作为《诗经》里的优美情歌，《关雎》这首诗已被一些版本选入中学语文教材。如情歌中所言，男孩女孩到了一定的年龄，对异性有好感，相互产生爱慕之情，原本就是自然而然的事情。然而，由于一些孩子没有树立正确的爱情观，在懵懵懂懂的年龄就受到爱情的伤害，甚至付出严重的代价。那么作为妈妈，帮男孩树立正确的爱情观就显得尤为重要。

## 引导男孩自立自强，让爱情成为激发孩子健康成长的动力

青春期孩子的身心发展还不完全成熟，尚不能承担对自我的责任，更不用说肩负爱情的责任。有篇文章《德国孩子的爱情》里妈妈的做法可供借鉴。文中说一个德国小男孩宣称爱上了一个中国小女孩，回到家里他对妈妈说，他想和这个中国女孩结婚。而他的妈妈说："那很好呀，但是结婚要有婚纱、戒指，还要有自己的房子和花园，这要花很多很多钱，可是你现在什么也没有，连玩具都是妈妈给你买的。你要和这位可爱的中国女孩子结婚，那么从现在起就得好好学习，将来考到博士才有希望得到这一切。"听完妈妈的话，那个德国小男孩竟然真的认真读起书来。

爱情原本是美好的，孩子想去追求自然没错。帮助孩子分析爱情的条件，培养孩子的自立意识和责任感，让爱情成为激发孩子健康成长的动力，才是明智之举。

## 告诉男孩，未来你应该是个男子汉

家有男孩的父母应该从小教育孩子，要承担起男子汉应该承担的使命和责任，未来做一个合格的丈夫，对家庭负责的男人，平衡好事业与家庭的双重压力，对妻子、对子女应该付出男人广阔胸怀的爱，奠定男孩的家庭责任感。

## 以过来人身份分享恋爱经验

其实，现在孩子所经历的，每位家长年轻时也有同样的经验，只不过时代不同，现在的孩子虽然对爱情、性仍然一知半解，但更加开放。在跟孩子开启话题时，父母不妨把自己的恋爱经验作为教材，以这种生活化题

材能够培养父母和孩子达成共识的同理心。

妈妈可利用一些情境做间接的沟通，像一家人看电视、新闻的时候即可找机会教育；又或者一起到外面吃饭、旅行时，也可利用轻松的话题带入，例如：怎么观察对方的人品、怎样保护自己跟对方、在他们的年纪，亲密的底线在哪等。最最重要的是提示孩子：感情也会有失去的时候。慢慢给孩子一种感情可以好聚好散的观念。

其实，在爱情观方面，父母的言传身教起到很重要的作用，如果自身婚姻很美满，当然是最好的教材；但如果自身是爱情婚姻失败的案例，父母可以跟孩子坦白地讲，若能再次选择，父母会做不一样的决定，但事实已发生，没办法回头，希望孩子可汲取爸妈的教训，避免重蹈覆辙。

如果孩子遇到感情问题，总认为是自身不够好，才导致感情破裂，建议父母在沟通的时候，可以分享自己的经验，最好让孩子可以转换正面、创造性的想法，例如：正因两人不适合，才会分开；给对方自由，就是给自己自由等。

## ❀ 保护男孩的隐私权 ❀

12岁的王子浩刚上六年级，在妈妈眼里他一直都是个乖乖宝，但一个偶然的机会，妈妈惊讶地发现，儿子竟藏着许多秘密。

那天，休息在家的妈妈像往常一样帮儿子整理房间，无意间发现了儿子忘在书桌上的抽屉钥匙，平时这把钥匙总是被儿子像宝贝似的带出带进。在好奇心的驱使下，妈妈犹豫着打开了抽屉。抽屉里曝光的宝贝把她吓了一跳——全是歌星、影星的大头像，同学送的生日卡片，崭新的CD……妈妈一边看一边火冒三丈，更让她恼火的是，里面竟然夹着一封看起来像情书一样的信，好像是一名女生写给儿子的。在妈妈看来，一个12岁的男孩儿最重要的任务就是学习，但儿子抽屉里乱七八糟的东西却让她揪心不已。

儿子回来后，妈妈不问青红皂白地把他骂了一顿。没想到儿子竟然哭喊着说："你侵犯了我的隐私！"

"小孩子能有什么隐私，不想让我们知道的话，那肯定是一些见不得人的事情。"

"你们大人有隐私、秘密，为什么我们孩子就不能有？我有隐私不告诉你们并不代表就是一些不好的东西。再说了，告诉你们还叫隐私吗？"

后来几天，儿子都不肯理妈妈，再后来，他变得不愿意和父母交流，妈妈才意识到事情远非这么简单。

其实，很多青春期孩子的家长都有此经历，觉得孩子越大越不听话，他们不再像从前那样，什么事都和父母讲。还有的家长发现，孩子有些事背着自己，有些东西藏起来不让自己看见，同学之间的书信和他自己的日记总要放到安了锁的抽屉里。

对于这种种状况，很多家长对孩子的这种行为感到不安，怕男孩染上坏毛病。为了弄清孩子的真实想法，很多家长采取诸如偷看孩子的日记等非常规手段了解男孩的心事，结果引发关于个人隐私的争吵。

如果了解孩子青春期的心理特征，我们就应该明白，父母不但不能偷看、偷听孩子的隐私，还要帮助他们学习更多保护隐私的方法，因为懂得个人隐私的保护是一个人走向成熟的标志。

尊重孩子的隐私，教育他们保护好个人的隐私，是父母教育男孩的重要内容。然而，在许多父母眼里，自己的孩子似乎永远是长不大的。他们没有意识到孩子正在长大，已经有了自己独立的人格和自己的隐私，随意闯入孩子的隐秘世界，采取粗暴干涉的强制手段，如拆信、监听、悄悄查看日记以及打骂、禁闭等，这样只能适得其反，只能引发父母与孩子之间的争吵。

不可否认，父母窥探孩子的隐私的出发点是为了孩子好。毕竟，青春期孩子还是个孩子，他们头脑简单，涉世不深，经验不足，做事还容易走极端。在某些棘手问题的处理上，父母可以给予孩子一些恰当的处理建议。那么，妈妈如何在不窥探孩子隐私的基础上，及时了解青春期男孩的心思呢？

## 平等和孩子交流，培养信任感

家长一方面要注意培养青春期孩子独立的人格，锻炼其明辨是非的能力；另一方面要采用正面积极的方式与孩子沟通，尽量以平等的身份多与孩子交流，少点儿应酬，多腾出一些时间陪伴孩子。当孩子对父母产生信任感时，自然而然会愿意在某些时候将心中的秘密告诉父母。

对待男孩更要注意。家有男儿初长成。随着年龄的增长，男孩已拥有了一个相对完整、真正属于自己的世界，而隐私正是男孩自由王国的核心机密，是包括父母在内的其他任何人都不能随便探究的。尊重男孩的隐私世界，就是对男孩人格的保护。父母也会因此赢得男孩的敬重和爱戴。

## ❀ 引导男孩正确面对性成熟 ❀

13岁的男孩一凡，一天早晨醒来时发现流出的精液污染了内衣被褥，感到迷惑且惶恐不安，甚至产生负罪感，认为遗精是低级下流的事情而感到不好意思，总是感到难于见人，不敢让人知道，好像做了什么见不得人的事似的，生怕被家长发现，一连几天沉默寡言，不敢抬眼与父母对视。久而久之，一凡开始神情恍惚，学习成绩直线下降……

作家比尔博赛在其著作《青春期男孩》中写道："在青春期的孩子身上，由于受到荷尔蒙的支配，性能量是一种狂野得令人惊异的力量，它在18岁时达到顶峰，并要持续作用很长、很长的时间。"

进入青春期后，男孩子的身体会自然而然地发生很多变化，性成熟过程主要发生在青春期。然而，由于性知识缺乏，很多男孩对生理上出现的变化感到恐慌不安，在对待孩子的性成熟上，父母一定要做好引导而不是回避。

## 缓解男孩的恐惧感

你可以这样告诉他："很快，你体内的荷尔蒙将会涌动，你将开始从男孩转变成一个男人。"

向孩子解释长成男人是遗传所决定的。男孩的发育过程同父亲是相似的，因此父亲可以坐下来回答孩子的一些问题：自己在多大时开始长高，多大时开始了性的发育，以及如何应付这些"可怕"的身体变化。同时，时刻不断地提醒他记住自然规律。尽管孩子在学校或更衣室中会看到许多形状各异、胖瘦不同的身材，他仍能安心地觉得自己是正常的，他的发育节奏是毫无问题的。

## 坦然面对，帮助男孩树立正确的性观念

家长要转变以往对性教育的偏见和误解。要让孩子知道，身体发育的每一步，比如遗精等现象的发生就像一棵小树长出新芽，就要开花、就要结果一样自然和平淡，没有什么异样和好奇，这表明自己正在长大，身体发育很好，是一件令人高兴的事情。

同时，应该引导孩子认识到性是人类最高尚的生命现象之一。青春期孩子已有了性冲动、性意识、性爱恋意愿，要重视和强化性道德方面的教育引导，培养孩子良好的人生观、价值观、自制力、责任感等。应该帮助男孩意识到，性是每个人最可宝贵的财富之一，是一个人生命价值的重要体现，要让孩子建立性保护观念。

总之，青春期性成熟是人生的必经阶段，身体的很多变化都是由男孩

向男人蜕变的必然。随着孩子慢慢长大，孩子自我意识的各个层面都和他的性意识紧密相关。他会逐渐以一个成人的自我形象在社会中呈现出来。

青春期阶段，家长要协助孩子去了解有关的性知识，帮助孩子正确认识这阶段的成长真谛。相信孩子对性有了一定的了解之后，也能够正确理解正在发育成熟的身体和心理变化，就不会感到惊恐、压抑、迷惘、烦恼、苦闷，这样就能够保持一个相对平和、理智的过渡期。

## ❁ 不要视早恋为洪水猛兽 ❁

有位妈妈在某教育论坛上发帖子求助，11岁的儿子喜欢上了班里的某个女生，经常把自己省下的零花钱给女生买礼物，她还发现儿子竟然在微信里称呼女生为老婆。因为有时会在路上看到某些谈恋爱的中学生搂搂抱抱，她担心儿子早恋不仅会影响学习，还担心儿子犯错误。因为儿子性格敏感，她真的不知道怎么跟儿子谈，怕谈不好的话儿子更逆反……

现在的孩子很小就可以从各种媒体上接触到恋爱的各种讯息，随着孩子进入青春期，他们性意识觉醒，一些孩子有早恋迹象并不足为奇，父母到底要怎么在不伤害亲子关系的状况下，教育孩子树立正确的恋爱观，以及亲密的底线？

### 培养孩子"爱与被爱"的能力

从心理学角度看，早恋是基于生理发育伴随而来的，这是两性的自然吸引，其实是属于"婚姻敏感期"的延伸，这个阶段的情感几乎是每个人都会经历的，单纯靠压制显然行不通。

家长担忧的，应该是早恋另一层面的内容，那就是伴随早恋行为，孩子很容易精力分散，偏离正常的学习生活轨道，导致成绩下滑等。而且青春期孩子在处理感情问题上也不够成熟，容易给对方和自己造成伤害。与此同时，也有越来越多的青春期男女生，不顾一切后果偷尝禁果，甚至导致怀孕流产的行为，更是孩子家长乃至整个社会不能承受之痛。

青春期的孩子容易出现情绪失控行为，和他们本身的激素分泌失衡有关，同时也和身心发育不协调，看待问题以偏概全等因素有关。面对这种情况，父母首先要照顾青春期孩子的情绪，不能否定孩子这份情感的真实存在性。在获得孩子充分信任和依赖的基础上，再引导孩子如何接受这份情感的洗礼，让他们学会如何正确地去表达爱意，让他们知道当下最需要做的是努力培养自己能在恰当的婚恋阶段拥有爱与被爱的能力。

## 宜疏不宜堵，教会孩子对自己身体的尊重和保护

早恋不是洪水猛兽，但也不见得是小桥流水。父母首先要确定，在原则性问题上寸步不让，比如教会孩子对自己身体的尊重和保护。如果孩子已经在恋爱中，父母可以和孩子聊聊对方吸引他的优秀品质是哪些，让孩子明白这是一种品质的吸引。而随着世事变迁，个人喜好会有所变化，同时近似的品质也会在其他个体身上闪现。这样既可避免因过分吸引而产生亲密行为，同时也可有效避免失恋、单相思等变故带来的潜在威胁。

放下溺爱或强势，建立威信

04

　　无论是慈母还是"虎妈"，都不能太过溺爱和强势。对于男孩来说，他更需要妈妈的威信。

常言道，"严父慈母"。在很多家庭中，妈妈一直扮演着慈母的角色，也有很多家庭里"虎妈"当道。然而，无论是慈母还是"虎妈"，都不能太过溺爱和强势。对于男孩来说，他更需要妈妈的威信，而这份威信，来自妈妈独特的魅力……

## ❀ 男孩怕妈妈，是妈妈的失败 ❀

由于老公常年出差在外，张女士一手张罗着家中里里外外的生活，尤其是一双儿女的教育问题。张女士是个说一不二的人，只要孩子们做错了事总会给予严厉的惩罚。也许是望子成龙的缘故，她对儿子雷雷的要求更加严格。"把电视关掉！""写不完作业，不许吃饭！""考不好，打断你的腿！""你敢出去玩试试？""我说不行就不行！""给我滚到房间去！"……

因为害怕被妈妈训斥，雷雷总是表现得很乖巧，有时候根本不用等母亲开口，一个犀利的眼神都能让他如坐针毡。渐渐的，雷雷变得性格懦弱，没有主见，遇事也非常胆小。这对于强势的张女士来说，实在是看不惯儿子这种遇事哭哭啼啼的性格。在她眼中，男孩子就该顶天立地，流血流汗不流泪，浑身散发男子汉气概。对于雷雷爱哭鼻子这件事，不知道被张女士打骂过多少次。

其实，一个男孩见了妈妈就像老鼠见了猫一样，过分地害怕妈妈，并不是妈妈的荣耀，相反，这是妈妈的失败。因为对于男孩来说，妈妈是他面对这个世界时接触到的第一位女性，过分强势的妈妈对于男孩的成长来说，杀伤力还是非常强大的。

现在的母亲，有许多是非常能干的。在统御和支配家庭上，往往也是靠母亲的意志和领导。这样的结果，是使父权无法体现自己的领导地位，如果一家想维持相对和谐，对于母亲的意见和建议，父亲只能是"坚决拥护"，否则就是争吵或冷战。在这种家庭氛围基础上成长的男孩，对妈妈好像有种与生俱来的害怕和抵触，也会表现出各种各样的问题。

## 男孩难于男性化

孩子在母亲的强势包围下，缺乏阳刚之气，在体重、身高、动作等方面发育较慢，并存在诸如焦虑、自控能力弱等情感障碍，在性格方面也会变得懦弱、胆小、孤僻、自卑等。进入社会后，会出现各种不适状态，无法按自己性别角色规范行事，喜欢找强势的女人结婚，无法成为值得依赖的丈夫。

## 使孩子受到过度保护

母亲过于强势，是其安全感不足的表现，会使其成为一个典型的保护者。害怕自己担心的问题会在孩子身上出现，只要是不利于孩子的事情，都想过滤一下，并通过自己的努力去避免发生。于是，母亲包办所有事情，从思想上和行为上都要求孩子跟着她走，最终孩子就会什么都不会，完全依赖母亲，更加印证了母亲的想法。

## 给孩子过多的压力

强势母亲往往是能力出众或是完美主义者，会把培养孩子当成自我实现的方法，苛求孩子做到最好。于是在无形中母亲把自己的意志强加给孩子，也把自己的价值依附于孩子身上。不能否认，这些强势母亲付出很多，但恰恰是这些"付出"，使孩子感到压力，容易造成孩子失去安全感和自信心，造成孩子成年后心理上的自卑。

面对强势的母亲，很多男孩不敢说"不"，长期处于母亲的权威控制下，自然忽略自己的特性和感受。这样的孩子在生活中独立做决定的机会不多，一切都由强势母亲教导、指挥、安排，久而久之，男孩就会放弃自己的承担，失去了独立解决问题和面对生活的能力，形成对母亲无条件的服从和依赖。

## ❧ 男孩一点儿不怕妈妈，更是妈妈的失败 ❧

小强今年刚刚8岁，在家里俨然"小霸王"，经常一副天不怕地不怕的样子。因为爸爸工作在外地，平时的教育主要是妈妈在做。可是令妈妈苦恼的是，她觉得自己已经够严格了，小强做错了事她都是该打打，该训训。可是小强却依然一点儿不怕她。有一次她带着小强去朋友家串门，小强和朋友家的孩子争抢玩具，妈妈训了他一顿，他却在地上撒泼打滚起来，弄得妈妈很没面子，觉得自己教育很失败。妈妈很困惑，为什么孩子一点儿都不怕妈妈呢？难道自己还不够严厉吗？

男孩一点儿不怕妈妈，通常有两种原因，一种原因是如案例中的小强妈妈，对孩子过于严厉，非打即骂，这样很容易让孩子产生逆反心理。另一种原因就是过于溺爱。无论哪种原因，若在一个家庭里，男孩一点都不怕妈妈，妈妈的威信将大大降低，那么作为妈妈如何才能在男孩心中树立威信呢？

### 信守承诺，讲原则并坚持

有人说，父母的威严就如牵扯着风筝的线，没有这线，孩子容易迷失方向。家长的威严是要让孩子由衷地尊重、敬畏父母，即使孩子的某些行为被家长拒绝、制止甚至惩罚，孩子仍然会谅解父母的苦心，健康快乐地成长。

妈妈能否对孩子信守承诺，是能否在孩子心中建立权威的重要前提。在生活中，孩子面前，妈妈应做到不应轻易向孩子作承诺，一旦许诺，就一定要设法兑现；如果因为某种原因对孩子失信，应该及时向孩子说明，不能敷衍了事。

## 避免情绪化，不对孩子霸权

妈妈在表达自己意见的时候，要注意控制好自己的情绪，不要过于激动，保持冷静和坚定的态度。妈妈在处理事情上表现理智，能够让孩子感受到妈妈的决定是理智的，是不可更改的，那么孩子便不会再固执己见，而是顺应妈妈的意思。

但妈妈千万不要以为让孩子怕自己，自己就一定要表现得霸权，什么都是自己说了算，这样会让男孩觉得自己没有一点儿自由的空间。妈妈应该要适当地掌握好这个度，以民主的方式做决定而不是利用大人的理性力量来作为压制孩子的手段。

当孩子犯错误，妈妈表现得暴跳如雷，情绪激动而不能自制时，孩子的感觉是妈妈现在是不清醒，不理智的，父母被情绪左右而会对孩子做出不公平的对待，这会大大地降低父母在孩子心中的威信。因此，妈妈应该控制好自己的情绪，用平静坚定的语调来向孩子提出要求或表明态度，避免情绪化，让孩子感觉妈妈这样做出来的决定是深思熟虑、理性的，自然也就会比较顺从地接受。

总之，妈妈教育男孩时要多些理性，该宽松时就宽松，该严格时就严格，宽严有度才能培养出能屈能伸、进退自如、动静皆宜，既刚且柔的男孩。

# ❈ 时而棍棒时而溺爱，是父母大忌 ❈

两年前，刘女士和丈夫离婚，独自带着10岁的儿子一起生活。也许是因为觉得亏欠儿子，刘女士对儿子非常溺爱，只要儿子提出的要求她都尽量满足。不过，刘女士也深知男孩子从小一定要好好管教，要不然大了就管不了了。她教育儿子时信奉"棍棒底下出孝子"的老理，只要儿子犯了错她会狠狠地惩罚他。然而，刘女士的棍棒教育并没有让儿子听话，甚至让其更加叛逆。

有些父母墨守"棍棒底下出孝子"的错误信条，发现孩子犯错误时，不是说服教育，而是采用打骂、不让吃饭、捆吊、关禁闭，甚至赶出家门等暴力手段解决问题，不仅造成孩子和父母之间感情破裂、情绪对立，而且极易使孩子形成一种用暴力来处理问题的思维定式。

从心理学角度讲，父母粗暴高压，会导致本来性格倔强的孩子产生抵抗意识、对立情绪，进而变得性情暴躁，行为粗野，甚至形成攻击型人格，对别人施暴，难以建立良好的人际关系。经常挨打的孩子会变得脾气暴躁，心惊胆战，产生对父母、对学校、对社会不满的情绪。一旦有机会，孩子可能会做出一些报复性的事情来。

然而，溺爱孩子的后果同样是很可怕的。父母溺爱孩子的主要原因是不相信孩子能独自处理事情，他们的目的是保护孩子，让孩子少走弯路。但是父母包办溺爱，实质是剥夺了孩子劳动、实践的机会，让孩子心理变得越来越冷漠。家庭的过度溺爱很容易使孩子形成娇生惯养的性格，使得一些孩子衣来伸手饭来张口。过度溺爱容易导致孩子出现心理畸形和多种多样的身心障碍。

作为父母，一定要注意自己的溺爱行为，同时也不要对孩子有过多的管理控制，父母应该要学会放手，给孩子更多的自由发展的空间。同时，父母也可以适时向孩子"索爱"，大方接受孩子爱的表现，让孩子学会分享的快乐，懂得体谅别人的感受，在接受父母爱的同时，也学会感恩，学会爱别人。

## ❀ 别用对下属的态度对待儿子 ❀

刘星的妈妈在公司是位高管，也许是在单位里指挥人惯了，回到家里也经常一副高高在上的样子，尤其是对待儿子，妈妈觉得他不过是个孩子，更应该听从妈妈的指挥。

有一次，刘星周末想跟着同学一起去参加班里某同学的生日聚会，考虑到马上快期末考试了，妈妈拒绝了他的要求："快该考试了，参加什么聚会？老老实实给我在家学习！"刘星嬉皮笑脸地求了妈妈半天，说给同学把礼物都买好了。妈妈还是一副冷冰冰不肯通融的样子。刘星终于忍不住发泄起来："妈妈，我又不是你的下属，凭什么一切都要听你的？"

妈妈气急败坏地说道："我是你妈，你当然应该听我的！"

"你这个口气就是当领导的口气！"刘星也不甘示弱地回应道。

很多父母自认为是"一家之主"，觉得自己高高在上，可以对孩子任意发号施令，不允许孩子提出反对意见。对这些父母来说，孩子必须绝对服从自己，一旦孩子有所反抗，便被冠上"顶撞""不孝"的罪名，这种以对待下属的态度对待孩子不但管不了孩子，反而会助长孩子的逆反心理。

父母自恃长辈，成天端着家长架子以势压人，既不尊重孩子人格，又缺乏以身作则的意识，无疑会给孩子造成不良影响。由于欠缺科学的教育观念，有些父母会在不知不觉中将自己和孩子摆错了位置。父母必须认识到在人格上，孩子与成年人是平等的。

现代父母应该明白，所谓"家长"，意味着以身作则教育孩子的责任与义务，而非要威风的借口。或许有人要问："孩子与成人毕竟不同，父母与孩子总不能处处一样吧？难道父母不需要权威吗？"其实，所谓的"权威"，不是让孩子见了自己就像见了领导一样，而是发自内心的认同和尊重。

## 平等对待与权威不矛盾

为了教育好孩子，父母需要建立权威，但父母的权威不该建立在对孩子的压抑上，更不能对人、对己双重标准，这么做无法建立真正的权威。真正的权威是要让孩子"心服口服"，是要赢得孩子的爱戴而不是让孩子害怕。平等对待孩子与建立权威并不矛盾。只有懂得平等对待孩子，并以身作则的父母才能真正树立权威。我们应以真正的权威为前提，构建民主平等、亲密合作的亲子关系。

## 放下架子，对孩子进行"平视"教育

对待男孩，父母既不能像对待下属一样"俯视"，也不能把自己当成孩子的仆人一直"仰视"，而是要把孩子摆在和自己平等的位置进行"平视"教育。这就要求父母要担当儿子朋友的角色，分享他们的喜怒哀乐。孩子玩耍的时候，放下架子和他们一起玩耍；孩子进步的时候，与他们一起分享成功的喜悦；孩子遇到不开心的时候，真心聆听他们的烦恼。当然，父母有的烦恼也可以拿出来与男孩一起商量，让儿子为你排忧解难。

想逾越和孩子之间的鸿沟，就必须放下架子去和孩子交朋友，去了解透视孩子的内心世界，父母不妨遵循"父母＝朋友＋老师"这样的思维方式来试试，如果孩子能把你当成知己和一面镜子，亲子关系就会融洽一些，因为教育本来就意味着陪伴。

## ❊ 不做唠叨妈 ❊

有句话叫"成功的孩子成功在妈妈的心里，失败的孩子失败在妈妈的嘴里"。妈妈的唠叨容易使孩子产生反感情绪，进一步就会产生顶撞行为。男孩子对唠叨的逆反更强烈，男孩大多有自己的想法，特别是在青春期，身体和心理都处在一个特殊的阶段，这个时期的男孩心理变化特征表现为自主意识增强，自尊心变强，渴望交流和友谊，强烈的自主独立意识，喜欢自由，不喜欢被限制。

由于自我意识的发展，很多男孩经常不听家长的教育，出现叛逆的行为。因而妈妈的唠叨在孩子的那里是一件烦人的事情，他们会认为妈妈过多的控制，使得他们没有自由，而且不被理解。妈妈认为唠叨是出于对孩子的关心，但实质上是对孩子的一种不信任，有些妈妈总是对孩子的决定和行为指手画脚，以老一辈经验谈做法，特别是在有其他人在场的情况下，会让孩子觉得无地自容，让孩子觉得自尊心受挫，长此以往会导致孩子产生不自信的心理。

妈妈唠叨不止，自认为是为孩子着想，对孩子好，其实心理专家认为，妈妈的唠叨是出自于一种紧张，一种放心不下，于是不能停口。妈妈不断地训话，很多时候是说出来让自己安心，不是说给孩子听的。妈妈通过唠叨，向自己也向孩子证明：我能够对孩子做的都已经做了。那么，看似以"我都是为你好"为出发点的唠叨会有哪些不良后果呢？

### 使孩子产生逆反情绪

在家长的唠叨声中长大，大多数孩子练就了对付唠叨的过硬本领，结果是父母唠叨越多，孩子防御能力越强。当孩子在心里构筑起唠叨"防火墙"时，"金玉良言"也很难穿透了。

## 教育效果低下

反复说教、不断给孩子施与相同的刺激，可使孩子养成"心理惰性"，失去对父母的敬畏。最终当再次出现相同刺激时，孩子过耳不闻，教育效果便随之下降，甚至消失。

## 引发亲子矛盾

唠叨是反复、单调的刺激，是对孩子精神上的疲劳轰炸，没完没了的重复批评只会使孩子厌烦，挑起孩子的敌意，使气氛紧张，矛盾更加激化。

既然唠叨在孩子教育方面并不起效果，那么作为妈妈应该怎样避免唠叨呢?

## 学会放手，相信孩子的能力

妈妈应该学会放手，让男孩拥有更多自由成长的空间和锻炼的机会。平时在进行教育时要保持与孩子朋友式交谈的良好习惯，建立宽松和谐的家庭气氛，尝试从交流中了解孩子的想法和需要，不要过多地责怪和长篇大论的经验主义。

作为妈妈，当然不能对孩子不加管教、听之任之，但是控制过严又可能压制孩子，对孩子的心理健康产生消极作用。不妨让孩子在不同的年龄阶段拥有不同的选择权。只有从小能享受选择权的孩子，才能感到真正意义上的快乐和自在。

### 留心孩子的情绪变化，而不是说教

孩子遇到困难时，妈妈免不了要唠叨说教，但其实妈妈该做的是要多留心孩子的情绪变化，而不只是追求快速解决孩子的困境。父母无论多忙，也要挤出一点儿时间和孩子交谈，教育孩子学会忍耐和坚强面对，鼓励孩子凡事多往好的方面想，不要尽往消极的方面想。只要孩子愿意与父母沟通，父母就要引导孩子把心中的烦恼说出来，这样，烦恼很快就会消失，孩子也会恢复快乐。

## ❧ 做一个以身作则的妈妈 ❧

涛涛读初一了，因为班里大多数同学都买了手机，妈妈也给他买了一个，但规定下午放学回家后只能玩半小时手机，其余时间不许玩。有一天，涛涛悄悄在手机里下载了游戏玩起来，妈妈提醒他时间到了也不听。妈妈气急了，一把把手机夺过去："跟你说话你没听到吗？这都玩了一个小时了，还不自觉了啊？"

"为什么你们可以光玩手机，我就不可以？你和爸爸不是也每天抱着手机吗？你们不是也喜欢玩手机吗？"涛涛激烈回应道，妈妈一时不知道怎么回应了。的确，她和老公平时没事时也在家玩手机，自己都不能以身作则，怎么能要求孩子做到呢？

古语有言："其身正，不令而行，其身不正，虽令不从。"这句话用在家庭教育中同样适用。父母为孩子做好了榜样，言行中能够做到以身作则，孩子无形中受到正面影响，有些道理即便不用天天挂在嘴边，孩子照样能够做好。相反，如果父母只是嘴上教育孩子尊老爱幼，但实际生活中自己做不到，孩子当然会模仿父母的言行。

对男孩进行成功的教育，父母应先做出榜样，正如列宁夫人克鲁普斯卡娅所说："家庭教育对父母来说，首先是自我教育。"家庭是孩子最基本的生活和教育单位，父母的一言一行、一举一动，都是孩子的模仿源。孩子最初的行为习惯都是从父母那里学来的。因此，面对天真的孩子，父母要特别重视榜样对孩子的巨大影响，时时处处为孩子树立好的榜样。

父母是孩子终生模仿的样板。父母的言传身教，对孩子的心理发展和品性形成起着非常重要的作用。教育专家研究发现，孩子不仅在总体上模仿他们父母的生活方式，而且还往往继承与父母相同的个别有害于或有益于健康的行为，如吸烟或爱运动等。

孩子在家庭的日常生活中，和父母朝夕相处，对父母的依赖性、模仿性强，而这时父母在孩子的心目中威信最高。孩子会认为父母的一切言谈举止都是最标准、最美好的，对父母的一切言行都有强烈的模仿欲望：父母的走路说话、待人接物、欢乐与痛苦等，孩子都看在眼里，记在心上，努力去模仿，无论好坏都照单全收。这种影响是在无意识中产生的，其作用也最直接、最深刻、最持久。

父母是孩子最好的老师，孩子健全的人格，优良的品质，独立解决问题的能力，都来自父母的垂范。父母的好榜样将为孩子铺就成功的道路，而父母的以身作则更是对男孩的成长起到潜移默化的作用。

## 从生活细节上为男孩做良好示范

妈妈带着儿子明明去湖边钓鱼。在规定的准钓时间之前，明明禁不住满腔兴奋，将鱼饵抛了下去，没想到一会儿竟然钓上来一条大鲤鱼。明明欣喜若狂，妈妈也承认他从未钓过这么大的鱼。明明正准备把鱼拿下来，妈妈却制止了他："钓鱼的时间还没有到，这条鱼不能拿。"

明明向湖四周看了看，周围一片寂静，除了他们俩，没有别的人了。明明舍不得这条大鲤鱼，于是对妈妈说："如果放了回去，下次不一定能够钓到这么大的鱼了。"妈妈说:"我知道,但你还是得把它放回去。因为时间未到。"明明不高兴地说:"这里又没有别人。"妈妈说:"天知地知,你知我知。"明明看到妈妈坚决的神色,只好依依不舍地把鱼放回了湖中。

在家庭教育中,父母经常会对孩子说"应该这样做""不应该那样做"来规范孩子的言行,可是这种空洞的说教所起的作用往往微乎其微。而父母的一言一行,一举一动,孩子都会看在眼里,并以父母为榜样来模仿。所以,父母在日常生活中,要谨言慎行,以身示范,凡是不良的言行,首先要杜绝在自己身上发生;要求孩子做到的,父母自己先要做到。唯有如此,才能收到良好的教育效果。

## 父母要言行如一、说话算数

东东是个正在上小学五年级的男孩,他的父母都是普通工薪阶层,对其教育非常严格:放学后不许下楼玩;作业做不完不许看电视;不许玩电子游戏。如果违反,轻则责骂,重则痛打。可是这种严厉的教育方式却没有让东东成为一个理想中的"好孩子"。

原来,东东的妈妈整天沉迷于"麻将事业"中,没有重视自己对孩子的身教。他们以为小孩子只要"管起来""打几顿"就会听话,可结果恰恰相反。

一次,妈妈在"连续作战"后回到家里,却发现儿子正和几个"小哥们儿"打扑克,而且每个人的脸上都贴了不少纸条,妈妈立时火冒三丈,抬手就给儿子一巴掌。东东一边大哭,一边喊:"我作业写完了。为什么你能玩麻将,我就不能打扑克?"一句话问得妈妈目瞪口呆。

父母要求孩子言行端正,品德优良,就必须先从自己做起。无论何时何地,都应言行一致,表里如一,绝不能自己说一套、做一套。在孩子面前，只有言行如一、说话算数，才能树立威信，才能让孩子对父母的管教心服口服。

父母的言谈举止，犹如一本没有文字的教科书。因此在孩子面前，从思想品德到生活小节，都没有小事。要教育孩子具有较高的社会公德，父母自己就必须先成为这样的人；要求孩子积极进取、勇敢拼搏，父母也要率先示范。

## ❧ 鼓励男孩指出父母的错误 ❧

有一天，妈妈看着手机里转发的一则养生食疗法给姥姥念了起来。儿子林林在一旁边做作业边听着，当他听到妈妈读"血液的流动"时，凑近手机看了看，给妈妈指正道："妈妈，你念的不对，这里应该是'血液循环'的流动。"

"我没读错呀！反正意思都差不多嘛！一个小孩子不要总是说家长这里不对，那里不对的，一点儿没有孩子的样子！"

"难道大人做错了，孩子就不应该指出来吗？为什么我做错了事你们就能指出来呢？"

"因为我是大人，你是孩子，孩子不能说大人！"

"不公平！不公平！"林林气呼呼地躲到一边去了，嘴里小声嘟囔着："大人真是不讲道理！"

生活中，很多家长都会如案例中的林林妈妈一般，听不得孩子给自己提意见，总觉得让孩子给自己挑毛病，不仅会让自己颜面尽失，还会有损自己的威信。

人们头脑中总是有这样一个印象：小孩子都应该很听话，父母说什么是什么。于是，当孩子对父母质疑时，父母就开始焦虑了。"天啊，要是我不树立威信，孩子以后怎么还会听我的？""一点儿面子也不给我留，我可是他家长啊！"

在权威面临危机，面子受到威胁的情况下，父母常常会习惯性反击："你胆子真不小，还敢说我错了？"父母希望以此维护自己在孩子面前的形象，殊不知，这种知错不改的态度反而让父母在孩子心中的威信下降。

人都会犯错，父母也不例外。如果父母允许孩子指出错误，反而会让孩子感觉到父母胸襟的宽广，会更敬重父母。下面这则故事里妈妈的做法值得借鉴——

## 互为猫鼠，好习惯养成进行时

2016年年初，广州少年邱昱伟和妈妈一起出版的畅销新书《妈妈，你斗得过我吗》引发热议。原来，作文和钢琴经常获得全国大奖的邱昱伟一直自诩"天才"，但平常也有些不好的生活习惯，比如不能及时整理书桌，学习用具到处乱放，用完电脑不盖键盘……妈妈经常唠叨也不管用。

有一天下班回家后，妈妈随手把包放到了地上。儿子看到后对她说："妈妈呀，你也终于让我抓到把柄了！你平常老是说我把书包放在地上，一点儿都不爱护书包，可是你今天竟然也把包扔在地上了！"妈妈赶紧解释说自己不是故意的，邱昱伟反驳道："妈妈能做的事我不能做，我不能做的事妈妈能做。"

为了让儿子口服心服，妈妈和儿子开始了"互为猫鼠"挑错游戏，不仅妈妈可以指出儿子的缺点，儿子也可以指出妈妈的错误，并且被指出错误的人要接受刷马桶的惩罚。

接下来的日子，妈妈目光如炬。邱昱伟虽然处处小心，也改掉了很多明显的坏习惯。因为瞪大眼睛搜寻妈妈的坏习惯，妈妈几次被儿子逮个正着，开始反省自己的坏习惯，并有意识地改正。

从那以后，母子俩在生活中互为"猫鼠"，直接效果就是平时生活中的坏习惯被悄悄改掉了。

在生活中，当孩子指出了父母的错误，父母心态要放平和，鼓励孩子勇于坚持正确的东西的同时，也要引导孩子为别人挑错的技巧。但孩子为父母指出错误，而不考虑时间、场合，也是不可取的。因为父母是孩子的第一批社交对象，他早年对待父母的习惯，很大程度上都会被复制到他的其他人际关系中。如果孩子在和别人相处时，不分场合地指出别人的错误，而且不知道婉转，很容易伤害到别人的自尊，从而得罪人而不自知。

父母要让孩子明白，委婉地指出别人的错误，不只是一种社会规范，也是对别人尊重的一种表现。在给别人留下余地的同时，也让自己有了足够的回旋空间。

## ❀ 做敢于承认错误和道歉的好家长 ❀

有一天晚上，黄女士陪儿子伟伟练琴，发现他手指没抬、错音不少，让他改过来，他却大声狡辩："刚才我没弹错！"黄女士只好压住怒火耐心地让他把刚才弹得不太顺的部分单独练几遍。没想到儿子很不耐烦，故意把整只手掌趴在琴键上，示威一般。

伟伟不但坚持说自己没错，还要求妈妈示范一遍自己说的"所谓正确的"。黄女士只好赶鸭子上架，为儿子做了一遍示范。

"你为什么把123指全部抬起来？压下去！"伟伟像发现新大陆似的，突然叫了起来。

"现在的重点是纠正你的错误，而不是来挑我的毛病！"黄女士有点儿火了，但还是耐心地跟他解释："妈妈没有像你那样系统地训练过，当然不可能做得很到位了！"伟伟倔强地把头一扭，嘴角一噘，不服气地"哼"了一声，气呼呼地说："好！我也学你把所有手指都翘起来！"

黄女士强压怒火，要儿子立即分手慢练。儿子开始慢练，但还是狡辩说自己没错，还捏紧拳头咬紧牙根，从牙缝里挤出几个高分贝的大字：

"我——没——错!"

彼时,黄女士压抑许久的怒火开始燃烧,火苗蔓延到每个关节,在掌心燃起烈焰,手掌携带烈焰在儿子身上烙下一个鲜红的"印章"——"别弹了!给我反思去!"

其实,作为妈妈,黄女士知道自己不该动手,但看到儿子肆无忌惮又实在忍无可忍!既气愤又心疼的她压一压掌心,努力让自己冷静下来。当晚,黄女士辗转反侧。第二天一早,黄女士在桌子上看到了儿子留下的《我的检讨书》——"妈妈:对不起!我不应该这样气你。我有时候真的没弹错,您为什么要打我呢?请说一说您为什么要污蔑我?"

为了让儿子知道大人错了也会主动承认,黄女士认真地手写了一份检讨,为自己的动手行为向儿子道歉。见妈妈如此有诚意,伟伟自觉制订了练琴计划,并请妈妈随时监督……

黄女士深有感触,父母的粗暴指责只会引起孩子的抵触情绪,适时的自我批评更能让孩子信服。

作为父母,谁也不敢保证对待孩子的态度永远正确,不过,很多父母即使发现自己错怪了孩子也不敢大方承认。他们认为,向孩子道歉有失脸面,会损害自己在家庭中的权威。殊不知,当我们放下做家长的架子,对孩子说一句"对不起,妈妈(爸爸)做错了,希望你能原谅妈妈(爸爸)",不仅可以让他懂得承认错误并不是一件可耻的事情,而且还可得到他发自内心的尊重和敬佩。

那么,如果对孩子做错了事,作为父母应该如何向孩子道歉呢?

## 选择合适的道歉形式

每个孩子都有自己的特点和个性,而且随着年龄的不同,道歉的形式也应该有所不同。对于年龄小一些的男孩,我们可以当面向他承认错误并道歉，只要让他看到我们明显的行为表示就可以了。对于年龄大一些的孩子，我们除了可以当面向他承认错误并道歉外，还可以选择留个道歉便条、写封道歉信等形式。另外，我们不仅要表明自己承认错误的态度，也要向他说明犯错误的原因，更要让他看到我们改正错误的过程。

总之，无论妈妈选择哪种道歉形式，都应该让孩子从妈妈承认错误并道歉的行为中得到学习和启发。

## 向孩子道歉要及时、诚恳

很多时候，父母虽然已经意识到了自己的过失，但是碍于面子和威严，没有及时向孩子道歉，或者只是轻描淡写地草草了事。这样一来，孩子会从父母的行为和态度中感受到，父母道歉不够及时、不够诚恳，反而不利于孩子形成正确的是非观、价值观。

作为父母，在教育孩子的时候都会有情绪低落、暴躁冲动等各种原因伤害孩子的情况，别再用另一个错误掩盖上一个过失，欲盖弥彰的行为只会给孩子带来负面影响，及时弥补过失，勇于道歉、承认错误才是树立父母威信，保持在孩子心中形象的最佳秘方。

# 限制少一点儿，自由多一点儿

**05**

男孩生性自由，不善服从，父母要学会放养男孩，限制少一点儿，自由多一点儿。

男孩生性自由，不善服从。对待他们，妈妈不能按照女性的原则标准，对孩子做过多限制和要求，被限制过多的男孩往往很难彰显自己的天性。父母要学会放养男孩，限制少一点儿，自由多一点儿，让男孩顺应天性成长。

## ❀ 给男孩一个广阔的天地 ❀

13岁的李祥刚上初一，最近却迷上了散打，每天放学后写完作业就在电脑上自己找散打网络视频，边看边模仿。过了一段时间，李祥央求妈妈给他报个散打训练班，因为他太喜欢了。妈妈却犯了愁，李祥从小上过很多特长班，美术、钢琴、毛笔字……但没有一样他能坚持下来。没想到现在上初中了，正是抓学习成绩的时候他又迷上了散打。妈妈害怕影响儿子学习，没给报名。

李祥反抗道："从小到大，一直都是你们让我学什么，我才能学什么，难道我就不能有自己的主见吗？我就没有一点儿自己的自由吗？"

即便李祥再三要求，妈妈还是没有松口，她觉得孩子的成长轨道家长一定要做好限制，万一孩子"脱轨"了拉都拉不回来。

纪伯伦有一首诗，名叫《论孩子》，相信很多父母都已读过。"你们可以荫庇他们的身体，却不能荫庇他们的灵魂……你们是弓，你们的孩子是从弦上发出的生命的箭矢。那射者在无穷之中看定了目标，也用神力将你们引满，使他的箭矢迅疾而遥远地射了出去……"孩子是独立于父母之外的个体，父母不能将自己的思想、灵魂一股脑儿地灌输给孩子，而是应该给予孩子爱，教会他们成长，然后放手，让他们远行。

然而，现实中很多父母并不舍得对孩子放手，即便他们经常从小就告诉孩子"自己的事情自己做"，但当孩子真正去自己做时，他们要么不放心要么舍不得。随着孩子渐渐长大，交什么样的朋友，如何跟伙伴相处，学什么，将来要干什么，每一步，父母都要掌舵引航。他们就像直升机一样盘旋在孩子的上空，时时刻刻监控孩子的一举一动，随时准备俯身为孩子扫清障碍处理问题，生怕他们行差踏错，多走弯路。

但是，对于孩子特别是对于男孩来说，要想让他们成长为一个真正的男子汉，必须让他们自己去经历。舍得放手，才能让男孩得到成长，才能让他们拥有一个更加广阔的天地。

## ❦ 男孩要管，但不是限制 ❦

贴吧里，一个15岁男孩的求助帖引发了网友的热议。男孩说，自己从小就被妈妈严格管教，自己周末去哪里玩，暑假怎么安排都是妈妈说了算。小的时候他并没有觉得有什么不妥，以为天底下的孩子都是这样过来的。随着渐渐长大，他开始有了主见，可是每当自己的意见和妈妈相左时，总被妈妈严词拒绝。因为在妈妈看来，自己永远是个孩子。他不想接受妈妈的限制，觉得自己一点儿自由都没有，可是却没有办法……

在很多家长的意识里，"管教"就意味着"限制"，因为他们害怕不加限制，他们害怕看到自己的孩子会像脱缰的野马，想拉也拉不回来。其实，过分地限制除了影响男孩天性的发展，更会让孩子缺乏判断和自我选择能力。

人生的路，终究还是需要孩子自己走。作为家长，要想不过分限制男孩，需要注意什么呢？

## "听话"并不是好孩子的标准

听话，别乱跑！

听话！再不听话不给你买好吃的了！

你想不想要玩具啊？想要就听话，好好吃饭！

你这个孩子也太皮了，一点儿都不听话！

你不听话，爸爸妈妈不喜欢你了！

小祖宗，你能不能老实一点儿，好好听话啊？

谁让你不听话呢？摔着了吧！

......

在很多父母口中，"听话"几乎成了他们的口头禅，他们觉得"听话"的孩子才是好孩子，因此，孩子所有"不听话"的举动都被限制住了，很多家长以为这样教育出来的孩子会少走弯路。控制欲太强的家长往往容易教出自信心不足的孩子，特别是男孩。在强势的大人或不讲理的小孩侵犯自己权益的时候，孩子的反应往往是忍气吞声或违心地屈从，"听话"的孩子大都是被成人长期压制而练成的！

过于听话顺从的孩子心理是不健康的，长期的压抑会导致孩子人格的缺陷。教育的核心就是建构健康的人格，而不是学多少知识，考了多少分数。有时候，我们可以"不要孩子听话"。"不要孩子听话"指的是家长不要利用自身的权威压制孩子，强迫孩子"听话"。创造性人格中"敢"字很重要，敢想、敢说、敢做才会有创造。我们应该接受"听话是优点，太听话是缺点"的观点，对孩子的教育要做到"管而不死、活而不乱"。创造需要一定的时间和空间。家长应该给孩子更多的时间和空间让他们去"淘气"，让他们自由自在地去遐想、去活动、去创造。

## 给男孩选择自主权

对于男孩，家长更不要过分限制其自由，或是总替他们作决定，应该让男孩有一定的自主权。妈妈给孩子自由选择的空间，不应该给孩子下达硬性指令，然后靠不停地唠叨来督促，那样的效果往往并不好。

例如，想让孩子收拾自己的房间，对孩子说："晚饭前必须把你的猪窝收拾干净！"这样的硬性指令，孩子多半是不会听的，而父母看到孩子不听自己的话，就不断地反复催促，结果就可想而知。但是如果换一种说法："孩子，如果晚饭前你有空，就把你的房间收拾一下吧。"这样的说法，则能给孩子以喘息的空间，不会惹孩子反感，反而多半会达到预期的效果。孩子自觉自愿要做的事情，积极性和兴趣都会很高，根本就不需要父母的催促和提醒。

教育得法，一个顽皮捣蛋的男孩可以长成独立、懂事的男子汉。男孩子喜欢动手做事，喜欢经历和创造，这是天性使然，更是家长正确引导的结果。所以说我们要为男孩提供足够的实践机会，让他们自己长大。

## ❀ 不要以爱的名义控制男孩 ❀

"妈妈，我想要草莓味的果酱。"

"上次不是吃过草莓味的了吗？这次买蓝莓的吧！"

"我不想吃蓝莓的，我就想吃草莓的。"

"每次都吃草莓的，你不腻吗？换一种口味吧！"

"不要换，我不想吃蓝莓的，我就想吃草莓的。"

"买草莓的你每次都吃不完，我是为你好。买蓝莓的，不买草莓的。"

儿子已经不开心地撇起了嘴巴。

"你怎么这么不听话？就买蓝莓的！"妈妈付款买了一瓶蓝莓果酱，拽着不甘心的儿子离开了超市。

以上熟悉的对话，在5岁的堂堂和妈妈之间常常上演。潜意识里，妈妈总认为，自己的想法是对的，孩子的想法总是不够成熟的，她们喜欢以爱的名义控制孩子，帮孩子做选择，哪怕只是一瓶果酱。

实际上，这样爱孩子的背后，是不由分说地剥夺了孩子自主选择的机会。

故事中的妈妈不仅仅是一味地按照自己的意愿来为儿子选择果酱，同时，又对儿子"明明想要草莓味"的真实感受视而不见。

妈妈习惯利用自己爱孩子的借口和理由，替孩子做他们不需要的选择，这其实是一种自圆其说的教育逻辑，表面上披着"一切为了孩子"的外衣，实际上却是在满足自己的需要。而这种不顾孩子需要的行为，却以"爱的名义"变得仿佛不可指责。

## 别让爱孩子掉入一个温柔的陷阱

"妈妈不让你做这件事情，完全都是为了你好！""妈妈给你准备了这些吃的东西，都是为了你的健康着想！""妈妈这么做，是因为妈妈爱你呀！"什么时候，妈妈都是"为了你"。因为是"为了你"，所以孩子必须要接受他不喜欢的事情，因为是"爱你"，所以孩子必须要心甘情愿地接受妈妈的控制。

但是孩子是有思想的，尽管他还小，辨别是非的能力还不够，但是他的心里是知道自己喜欢什么、不喜欢什么的。如果强行改变孩子的意志，到最后孩子可能会变成一个严重缺失自我的人，而且在遇到事情的时候，自己会不敢或者不会作决定。

我们在照顾孩子生活或者对孩子进行教育的时候，尽管不可能完全放手，让他凭借自己的感觉成长，但是如果每一件事情都替他做好了决定，每一件事情都要剥夺他的意志，让他按照家长的心愿生活，那么最终孩子肯定会失去那份原本就属于他自己的快乐。特别是男孩，父母更不要给孩子扣上爱的帽子，对男孩进行控制，而应该在作决定之前，花一点儿时间、一点儿耐心去弄清楚他们的心思，给男孩一点儿尊重，倾听他们的心声，然后帮助他做好选择。这样的爱才会让男孩更加健康成长。

## ❀ 不做"如来佛"，要做"放风筝的人" ❀

周末，妈妈带着6岁的儿子去广场上放风筝。儿子和妈妈的手一起牵着线，一起向前跑去，风筝没有升到天空的时候，妈妈死死拉紧手中的线，迎着风，飞奔着。

儿子落在后边大声喊着："妈妈，妈妈，等等我，等等我。"

妈妈为了让风筝早点儿升到空中，暂时舍下自己的儿子，迎着风，小心翼翼地，一点点地，朝着风的方向，风筝一会儿偏向左边，一会儿偏向右边，总是不能一帆风顺，妈妈精心地呵护飘浮在空中越来越小的风筝，慢慢地，慢慢地，风筝飞得越来越高，妈妈手中的线开始一寸一寸地脱手，这时妈妈的脚步放慢，儿子也开始赶上妈妈，看着妈妈手中的线，再看看天上飞翔的风筝，儿子终于开心地笑了。

其实，陪伴孩子放风筝的过程，隐藏着教育的艺术。风筝在刚刚飞起来的时候，多么像正在成长中的孩子，父母身边的宝贝，父母为了孩子的成长百般地呵护，精心地打理，这种精心细致的行为多半是让孩子拥有一个良好的环境，只有良好的环境才能培养孩子良好的习惯，只有良好的习惯才能成就完美的人生。

家长在教育孩子的过程中，我们不要做"如来佛"，时时刻刻把孩子握在手心，而应该做一个"放风筝的人"，把孩子放飞到广袤的天空中让他们经历风雨。然而，在孩子成长过程中必须把握方向，紧握手中的线。

教育孩子就像放风筝，既要让他敢于飞翔，又要让他有所顾忌。我们在给予孩子温暖的同时，一定要给他们制定规矩，规矩就像我们手中的线，当他们偏离成长轨道时，父母要牵好手中的线，拥有及时扭转的力量。

## ❧ 儿子"对着干"，妈妈怎么办 ❧

刘女士的儿子今年6岁，用刘女士的话说："别看他小，可厉害呢，就喜欢和我们对着干。凡是我们要求他做的，他偏不做。让他向东他向西，让他打狗他撵鸡。"

"前一段时间我带他去公园，他想买一种玩具车，没给他买。他一路上就用脚踢路边的路牙石，把鞋都快踢破了。"让她更生气的是，上周带孩子去姑姑家玩，看到姑姑家有一台大液晶电视，他回来就非要家里也买一台。我们没答应他，他就不吃饭了，竟然饿了一天。"

儿子这是怎么了？刘女士觉得儿子好像不是倔强，简直是有意和大人"对着干"。

许多家长会发现，随着孩子渐渐长大，会变得越来越不听话，而且喜欢和家长对着干，你让他这样，他偏那样，面对这样的孩子，很多家长会非常头痛。

其实，孩子出现这样的逆反心理不是一种异常现象，而是适应外界环境的一种正常的心理机能，主要表现为认识上的逆反和情绪、行为上的对抗。逆反心理人皆有之，人的一生中心理发育一般要经历两次叛逆期，一次出现在2—6岁，表现为任性、不听话、爱哭闹；第二次则出现在12—16岁，一般称之为青春期，表现为敏感、易怒。不过，叛逆期出现的年龄有时也是因人而异。

逆反心理的出现说明孩子的自我意识发展了，主观能动性越来越强，喜欢搞"独立"，愿意自作"主张"，对父母的要求和安排会逆向而行。从心理发育的角度看，这是孩子正常心理发展的过程，但对父母来讲，他们会觉得孩子难以管教，在对抗自己的权威。对于妈妈而言，如何应付"对着干"的儿子，着实是个技术活——

## 尊重男孩，读懂他们的行为语言

专家认为，孩子经常出现固执、对着干的种种表现，有时候正是孩子心理需求没得到满足后的一种表现。比如说，有的孩子觉得爸妈陪伴自己太少，就容易生病，因为在孩子的意识里，只有自己生病了，爸妈才能多陪陪自己。孩子的某些表现，传达着自己心理需求没有得到满足的不满的信息，家长如果不能读懂孩子的"行为语言"，对孩子批评指责，结果会更糟糕。

所以，作为父母一定要试着理解孩子的"行为语言"，搞清楚孩子真正的心理需求是什么，对这种心理需求给予足够的关注，尊重孩子，让孩子体会到那个年龄段最需要的稳定、安全的家庭关系，才能有利于孩子的健康成长。

## 适当"服软"，陪他们度过"心理断乳期"

如果说童年期的男孩和家长"对着干"，家长还能利用自己的权威管得了他们，那么当男孩读初中后，叛逆期的他们再经常和家长对着干，家长的头疼指数显然要上升很多。青春期的叛逆心理又被称为"心理断乳期"，这个时候，如果父母管教过严，他们会认为父母太啰唆。甚至有些孩子的喜怒哀乐不再表现在脸上，让父母摸不透他们的心思。

"心理断乳期"是男孩从幼稚走向成熟的转折时期。从总体上讲，"心理断乳期"的各种心理现象，反映了男孩心理发展上的进步。从心理上依附于父母，到出现独立意向，这是重大的变化。父母要珍视这一时期，正确看待这一时期，采取欢迎的态度。

对于男孩表现出的种种"对着干"的行为，父母应根据他们的心理特点，循循善诱，进行教育。逆反心理往往具有求异和思辨的特点，是男孩智慧的火花，父母应留心注意，因势利导，促其成才。这个时期，父母越是想压制孩子，他就越会反抗。所以爸爸妈妈不妨适时"服软"，尊重孩子的自尊心，与孩子建立一种亲密、平等的朋友关系并允许孩子也能参与家庭的管理中。

## ❊ 男孩爱"闯祸"，爸妈别慌张 ❊

马女士最近犯了愁，儿子球球刚上一年级不到半年，自己这个当家长的已经被老师叫到学校不下5次了。原来，球球在学校里太爱闯祸了，今天把窗台的花盆碰坏了，明天又把班里女生的衣服故意画上了颜色。最危险的一次是，球球不知道从哪里弄的打火机，课间休息时在教室里把同学的书本点着了，幸亏老师发现及时把火灭了才没有酿成大祸。每次马女士被叫到学校时，都会要求儿子给老师道歉，有时候马女士气急了，会把球球拖回家揍一顿，但这小子好像压根就不长记性，没过几天又闯下新祸……

当男孩在外面闯了祸，被人告状或老师找上门时，做父母的常常感到无地自容、气愤不已，有时候难免打骂一顿。然而，父母的粗暴言行，往往只会一时解决发生在孩子身上的问题，在表面上，孩子似乎接受了这种处理结果，向对方道歉，承认自己的错误，而在心理上却感受到莫大的耻辱。他们期望在另一个时间和场合挽回他们自认为失掉的面子。结果，一次又一次闯下新祸。时间长了，他们对父母的老一套也习以为常，在这里丢掉的，他们会设想在那边捞回来。

耶鲁大学心理学教授艾伦·卡津博士这样说："有时，家长的一些做法无意中使孩子养成了粗野的性格。"确实如此，当父母指责孩子给别人制造了太多的麻烦，并且在教育孩子不要对同伴粗暴的同时，自己却在做着这样的事情。当大人的"粗暴"落在孩子身上时，孩子便会想："好吧，你既然可以这么做，我当然也可以学习你们了。"

很多心理学家在研究中发现了一个值得注意的问题：孩子爱闯祸，有时候是情绪受到某种压抑的结果，而这种压抑大多来自家庭，这种压抑导致他们很少与外界进行正常交流，即使在家里，一些想法也难以和父母沟通，而大人又常常借口工作或其他种种原因不满足孩子的正常要求。结果使孩子的躁动情绪日趋增长而变得不安分，他们寻找任何能够得到刺激的事情，譬如打斗、砸东西等，以发泄他们压抑过久的情绪。

父母对爱闯祸的孩子该如何教育？专家认为，首先要改善家庭中的不良气氛，让孩子感受到平等和谐的气息，让孩子有了想法便可以毫无顾忌地说出来，大人则需要有耐心，并把这种相互间的交流视为乐趣。做妈妈的还要学会了解造成孩子情绪波动的缘由，且认真加以解决。

其次，父母在鼓励孩子探索的同时也要制定行动规则。男孩子爱逞能爱闯祸，有时候也是探索心理在作怪。无论孩子是登梯还是爬高，都是心理的探索与冒险。然而，生活中有许多危险因素，无论家长怎样注意，还是会防不胜防。为了使孩子免受伤害，家长有必要和孩子一起制定一个行动规则，让孩子明白哪些事可以做，哪些事有危险，应该用什么方法做。如果孩子违反规则，必须有相应的惩罚措施。

当孩子闯祸以后，大人应单独与孩子交谈，这可以避免伤害孩子的自尊心，但并不是说要在孩子周围竖一道高墙以保护他的自尊，有时候适当的"伤害"也是必要的，更应该让孩子明白自尊心要靠自己争取和保护。

## ❧ 不做事事包办的父母 ❧

嘟嘟虽然已经上了幼儿园大班，但在妈妈眼里还是个什么都不会干的孩子。平时吃饭穿衣，都是妈妈包办。有一次，幼儿园举行家长开放日活动，午餐时间吃虾，妈妈发现全班小朋友没有一个不会自己剥虾的，包括自己的儿子嘟嘟。要知道平时在家里吃虾，他们都会给嘟嘟剥好壳再给她吃，因为嘟嘟一直说自己不会剥。

回家的路上，妈妈问嘟嘟，为何自己会剥虾，在家还要大人帮着剥。嘟嘟回答说，自己剥还是挺累的，而且有时候还会扎着手。

看来，在孩子心里，只要任何事情都能寻找到靠山，孩子就容易养成一种依赖心理，在心理上难以跟妈妈"断奶"。孩子总有长大的一天，如果妈妈不跟孩子一起在心理上进行"断奶"，那么孩子很有可能成为一个永远长不大的"小屁孩"。

微博上曾经有个段子，中国父母很多都是这样做的——5岁：我给你报了少年宫画班；7岁：我给你报了奥数班；15岁：我给你报了重点中学；18岁：我给你报了高考突击班；23岁：孩子，我给你报了公务员；32岁：孩子，我给你报了"非诚勿扰"。

在孩子成长的每一个关键阶段，父母都很乐意替孩子的人生做主。很多人还把这样做解释为"我太爱孩子了，舍不得孩子受苦受累""我都是为了孩子好"等冠冕堂皇的理由。因此，他们才把什么都给孩子安排好。

把孩子人生的每一步都安排好，无论是孩子的生活还是学习，都要去掺和，这是现在很多家长的写照。殊不知，所有这些可能影响孩子一生的抉择，很多时候并不是孩子自己想要的，大部分选择其实都是父母在为自己考虑。因为他们始终把孩子看成自己的附属品，希望能够永远拥有属于自己的孩子。

一个总是依附于父母生长的男孩，永远都无法学会独立面对社会，更无法自己独立生活，最终失去作为一个人的意义。从这个角度来看，父母的事事包办其实就是一种害。

## 父母始终不肯"断奶"，孩子永远无法长大

导致父母不愿对孩子放手，既有大多数家庭是独生子女这个社会背景的因素，更是很多人把孩子看作自己的私有财产这个心态的影响。

深入分析，其实就是很多父母自己压根不愿跟孩子一起"断奶"，希望通过对孩子的控制来实现自己的占有欲，通过对孩子的依赖来获得自身的安全感，通过对孩子的呵护来寻找成就感。

如果我们真的爱自己的孩子，就应该让孩子走自己的路，不要试图去霸占他。孩子不是父母的私有财产，而是上帝派来的天使，我们只是有机会照顾而已。我们需要成为一个旁观者，需要为他们的成长鼓掌，需要扮演好一个陪伴孩子长大的家长。

## 为自己的错失买单，在承担中培养男孩的责任感

一些父母之所以事事包办，在他们看来是不放心孩子，担心孩子出错。尤其是男孩子好动、贪玩、调皮，随时都可能碰坏东西，出现过失。但我们不能因为孩子小，容易出现过失，就剥夺他们尝试的机会。鼓励男孩尝试的同时，也要教育他们学会为自己的过失埋单。

周末的一天，陈女士正在打扫卫生，儿子洋洋在一旁帮着擦桌子。忽然听到"啪嚓"一声，陈女士急忙站起身去看，发现一个花瓶掉在了地上，已经裂开两半，百合花委屈地躺在一边。

原来，儿子洋洋不小心碰了桌子导致花瓶摔了下来。

陈女士好像没有看见似的，继续到一边干起了活。洋洋见状赶紧自己弯腰打扫残局。第二天，陈女士回家后，发现桌上多了一个新花瓶，原来洋洋用自己的零花钱悄悄买了个新花瓶拿回了家。

陈女士看到儿子的表现，大大表扬一番。洋洋的脸上洋溢着自豪的笑容。

爱孩子，就要舍得用孩子。一个人在被他人需要和使用时，才能感受到自己的价值。一个孩子被大人使用和需要时，才能感受到自己的生命是多么伟大，进而感悟到一种深深的爱意，哪怕他在行动中犯了错，也能在改正错误的过程中产生强烈的责任感。

想把男孩培养成能适应未来社会的人，就要"放养"，不能"圈养"，尤其是要想培养男孩子刚强、坚毅的男子汉气质，就要从小给他们一个自由独立的空间，提供锻炼、实践、展示本领的机会。

## ❀ 多给孩子信任和鼓励 ❀

美国心理学家詹姆斯说："人类生来拥有的是崭新的生命，与生俱有赢得胜利的条件，人人各有其独特的潜力——才能与先天限制。他们皆可因自己的天赋条件成为一个杰出的、有思考能力、有觉察能力和有创造能力的人——强者。"

但是先天的条件并不能确保每一个孩子都成为一个强者，他们还需要有能够促成成功的各种条件。而在影响成功的许多客观因素里面，心理因素的作用是最为强大的。很多时候，即使是面对同样的挑战和竞争条件，充满信心的人更容易取得成功。

孩子的自信首先来自于家庭的信任和鼓励。然而现实生活中，我们经常会看到这样的场面，一个孩子正尝试着站在厨房水池边的小板凳上洗碗，妈妈走过来，说"快放下，别捣乱了，别弄你一身水"，诸如此类的情况在生活中经常发生。

父母可能认为自己是在保护孩子或者为孩子多分担生活的责任，但是这样会影响孩子的成就感和自我价值感的确认。当父母这样做的时候，孩子接收到的信息是"我不能做这个，我不行"。父母表面上是为孩子考虑，实际上却影响了孩子自信心的发展。

没有谁的成长道路是一帆风顺的，每个孩子在成长的过程中总会遇到或多或少的问题，可是当孩子遇到"问题"的时候，父母往往显得手忙脚乱，过于焦虑。作为父母，应该怎样给予孩子信任和鼓励呢？

## 对男孩要尊重，允许他们犯错

要尊重男孩，使他切实体会到自己是一个有独立人格的人。要信任男孩，放手调动孩子做事的积极性，并给予积极关注，做好了要及时给予表扬；做错了，要帮助他分析原因，寻求克服困难的方法，但切忌包办代替，更不可打击、讽刺。这样既培养孩子对自己行为负责的品质，又培养了自信心。

男孩通过对外部世界的探索，逐渐形成自我意识。尤其当他们离开父母进入学校教育，面对全新的学校生活、伙伴关系和社会规则，他们会逐步确定：我是谁，我能做些什么，我不能做什么，我该怎样做。假如父母对男孩总是抱有不信任的感觉，他们的行动能力就会变得退缩，不敢向前，不敢表达，甚至出现对自我的否定。因此，父母需要信任男孩的成长力量，鼓励男孩去尝试，允许男孩犯错。

## 给孩子合理而及时的赞扬

这里强调合理性，孩子能够分辨出家长的赞扬是否真诚，虚伪的赞扬只能使孩子感到家长的心不在焉，这样做反而刺伤了孩子的自信心。同时还要注意赞扬的及时性，做到合理和及时，有助于将孩子好的行为加以确认和巩固，促其形成良好的行为习惯。

### 帮助孩子发现自己身上的闪光点

父母要帮助孩子将审视自己的视线从学习方面扩展开，这对于学习成绩暂时落后的孩子尤为重要。培养孩子一技之长，给孩子一个自我骄傲的理由，这在自信心的培养中意义重大。如果孩子感到没有努力的方向，觉得自己什么都不行，就会对其精神产生压抑，在这种情况下，大脑也会变得麻木起来。家长应在男孩努力拼搏，尽力向成功的顶峰攀援时，多给男孩一些鼓励和支持。

## ❀ 不要随便"收回"爸妈的爱 ❀

曾经有个人在论坛里发帖求助，原来他一听到刀就害怕，看到刀更害怕，因此，家里的厨房从不进去，因为害怕看到刀。这样的心理疾病是缘于他小时候在厨房淘气，妈妈看到了，当时正在切黄瓜，就顺手拿起手里的刀，吓唬他说："你再不听话我就把你的小鸡鸡切掉！"一边说，还一边做出了切的动作，这个孩子当时吓得大声哭喊，事后留下了心理阴影，即使已经长大成人还忘不了这件事情。

有时候言语恐吓的威力相当巨大，对于孩子来说，最害怕的莫过于父母亲口说出不喜欢自己之类的话了。

一个小男孩在超市缠着妈妈哭闹，原来是妈妈不允许孩子乱买零食，这位妈妈一怒之下冲孩子嚷嚷："你怎么这么不听话啊？你再不听话，妈妈就不喜欢你了！"男孩的哭声并没有就此停住，反而哭得更大声。

妈妈终于气急败坏地发了狠话："你还哭，你再哭妈妈就不要你了！你自个儿在这里哭吧！我不管你了，我走了！"妈妈果真转身而去，小男孩发了疯一样猛地追上去，紧紧地抱住妈妈的大腿，一边声嘶力竭地喊道："妈妈！"一边继续哭得痛彻心扉。妈妈拍了一下孩子的脑袋："别哭了，赶紧走。"

"你再这么不听话，妈妈就不喜欢你了！"

"你再这么调皮捣蛋，妈妈就把你送人了！"

"你再不好好学习，妈妈就不要你了！"

我们总是有意无意地对孩子说出类似的话语，也许我们的初衷是好的：希望孩子听话，不调皮捣蛋、好好学习；但是，我们采取了错误的方式：用"爸妈的爱"作为威胁工具和惩罚手段！

对于孩子来讲，言下之意就是：如果我没有达到爸爸妈妈的要求，那么，爸爸妈妈——这个我最亲近、最信赖、最喜欢，作为我全部依靠的人，就不再爱我了！我将失去爸爸妈妈的爱，甚至失去爸爸妈妈！

当孩子听到这样有口无心的话，他会感到非常恐惧，他会担心，他会失去"安全感"，在此后的日子里，他会不断地反复试探和验证"妈妈是否爱我"，如果我怎么样，爸爸妈妈是不是就不爱我了？这些话就像刺向孩子的一把利剑，伤人又伤心。

"爱，是无条件的接纳，并着眼于光明处。"所谓无条件的接纳，就是无论孩子是什么样子，不管孩子身上有多少优点或者缺点，父母都要接受并鼓励孩子。

然而，实际情况是，我们只接纳了孩子表现好的一方面，或者说，只接纳孩子满足我们要求的那一面。我们希望孩子学习好，如果孩子学习好，我就接纳；我们希望孩子活泼，如果孩子活泼，我就接纳……反之，我们就很难心平气和地坦然接受。

这样的爱不是真爱，是"有条件的爱"。条件就是：只有当孩子达到我们的标准时，爸妈才爱你；不然，我们就发狠话"爸爸（妈妈）不再爱你了！""爸爸（妈妈）不要你了！"

捷尔任斯基说过："谁爱孩子，孩子就爱他，只有爱孩子的人，才能教育好孩子，不懂得爱学生的人，不配当老师，不配进入教育的圣殿。""孩子最喜欢爱他的人，也只有爱才能培养他，当孩子看到并感觉到父母对自己的爱的时候，他会努力听话，不惹父母生气。"

父母对孩子的爱应该始终如一，而且要让孩子明白，父母对他的爱是不变的，不管他有哪些缺点，不管他做了什么事，不管他犯了什么错误，爸爸妈妈都会永远爱他。这样无条件的爱会带给孩子一种坚实的"安全感"。

6岁前，"安全感"对于孩子来说很重要，安全感是一个人心里健康的基础，是自信和信任他人的基础，缺乏安全感的孩子常常感到孤独、受冷落、不能建立良好的人际关系，容易逃避问题、嫉妒别人等。所以，不要让孩子感觉到犯错之后就失去了妈妈的爱，要让孩子知道，即便你没有达到爸爸妈妈的标准，我们依然爱你，这种爱是无条件的，但有原则。

但是，有些不可以做的事情，还是不可以做，妈妈依然会制止你、规劝你，妈妈不喜欢你这样做，妈妈希望你改正，这就是"有原则"。每一个"我爱你"之后的转折"可是"，都是在提醒孩子对你这样做会引起什么后果，你要对自己的所作所为负责，你要为自己的错误和过失承担后果，你要尽可能想办法恢复或弥补，这就是"有原则"。

父母的爱，无条件，但是有原则，不要随便"收回"父母的爱，要让孩子知道，爸妈的爱永远都在。

自由要适度，家规不可少

06

虽说自由对孩子的成长来说至关重要，但适度的限制对孩子来说也是必不可少的。

俗话说："没有规矩，不成方圆。"虽说自由对孩子的成长来说至关重要，但是适度的限制对孩子来说也是必不可少的。一味给孩子自由，容易让孩子养成任性、贪婪的个性。而适当地给孩子立些家规，不仅能减少家庭冲突，还能让孩子自觉养成好习惯。

## ❀ 别把自由当纵容 ❀

有些年轻的父母带着四五岁的孩子出来聚会，孩子完全不理会在场的人，到处乱跑，大声喧哗，父母都不以为然，"我们现在也学西方国家，让孩子自由发展，少点儿规矩，多点儿个性！"有的孩子已经十三四岁了，在聚会场合，父母还要督促他们问候其他人。孩子完全不融入聚会的活动，自己玩手机，父母会说："我们家很民主的，多给孩子空间和自由，少干涉他。"

如今，很多家长视野开阔，在教子方面有着自己的理念与心得，有的模仿西方教育，崇尚自由与个性，但如果没有真正理解其内涵，很可能将放纵当自由，把任性当个性，容易缺乏社会规则感。诚然，在孩子教育过程中，自由对于孩子健康成长不可或缺，然而，自由不是纵容，如果一味地对孩子不加管制，有可能把孩子培养成没有规矩的孩子。

有一次，妈妈带着8岁的儿子牛牛出去旅游，牛牛在酒店大堂里脚踏滑板车旁若无人地滑来滑去，管理员上前劝告，也无济于事，妈妈只是随口阻止了一句，发现儿子不听也没有严厉制止。当自助餐吃到一半时，牛牛又坐不住了，开始在并不宽敞的餐厅里跑来跑去，还将餐厅里的冰块拿来玩耍，严重影响了其他客人就餐，妈妈依旧没有采取很强硬的阻止措施。

终于没过多久，牛牛闯祸了，一个服务员端着菜过来，牛牛突然从一旁跑出来，正好和服务员撞个正着，把服务员手里的盘子打翻在地上，牛牛愣在那里哇哇大哭起来，妈妈这才尴尬地过来解围。

在公众场合服从管理，不大声喧哗，不妨碍他人是最基本的社会规则，但有些家长却不以为然，把率性当个性，觉得这样不受约束就是聪明与灵活的表现，而觉得遵守规则的人太死板，一点儿也不自由。实际上，真正意义的个性与自由是建立在遵守社会规则基础上思维的创造力与思想的自由，是由内而外的个性与自由，而不是表面行为上的毫无顾忌。

家长必须要让孩子明白，自由并不是无限的，他必须接受并遵守一些规则。而家长也要明白，对孩子进行合理的限制并不意味着他会失去自由，反而能更好地把握教育的分寸。那么，教育孩子的过程中如何把握规则和自由的关系呢？

## 规则从自由和尊重中来

火车上，一个4岁的孩子在卧铺席上爬上爬下。几次攀爬后，妈妈开始制止他："听话，下来！再这样我就不要你了。"这句话并没能阻止孩子，对攀爬的需求使他忽略了母亲要抛弃他的威胁，仍然开心地探索着。就在这个时候，走过来一个乘警。妈妈赶紧说："看，再不下来，警察叔叔就来抓你了！"孩子立刻紧张地坐在铺位上，放弃了攀爬。

其实，这个年龄孩子的攀爬正是他心智成长的一个需求，活动是他智能运用的一部分。火车有3个高度的铺位，每攀爬一层都是一种心理挑战，同时也会带来一种空间的新感受。一般情况下，只要别人同意，孩子是可以这样活动的。但是，孩子的攀爬行为很可能给父母带来心理上的压力。很多父母不允许孩子攀爬，并不是因为孩子打扰了别人，而是他不愿意让孩子发生危险。

于是，许多成人不约而同地给孩子定了这些"规则"：

"听话的孩子才是乖孩子。"

"坐着不动就是好孩子。"

"乖，不要弄脏手。"

"不睡觉，狼就来叼你了。"

"不给别人玩，就是自私的孩子。"

……

这些混乱的、临时性的规则常常限制着孩子，并可能影响他的自由成长。

当一个孩子感到无所适从时，他会认为一切都处在危险之中。这时事件本身已经不重要了，重要的是，他无法判定自己在什么样的情况下是安全的。随着孩子的成长，这些"规则"，有的内化成了孩子人格的一部分直至影响终生，所以，在给孩子建立规则时，一定要建立在自由和尊重之上。

## 让孩子适度体验后果，从而建立规则意识

有一种规则是自然法则，孩子经过亲身实践，认识到自己的行为将导致什么样的结果，并体验适度的不快和痛苦，规则意识才由此建立起来，这叫"自然后果法"。

自然后果法要求父母不能包办代替孩子承担行为责任，把孩子罩在一个绝对安全的保护伞下；当然也不是说父母就撒手不管，让孩子自作自

受。比较合理的做法是孩子先承担行为后果，再对他讲明道理。例如：孩子吃饭挑剔，家长不用跟在后面喂，而且不到下顿吃饭时间就不给他吃，用饥饿法则培养孩子的饮食习惯；孩子做事磨磨蹭蹭，不要对他反复唠叨发脾气，如果他错过学习时间、看电视或者做游戏的时间，家长不要给他弥补，用"机不可失、失不再来"的自然法则培养孩子的时间观念。

自然后果法使孩子在自然环境中体验：真正的自由精神是尊重自然法则的自由，不是随意妄为的自由。当然如果孩子的行为将导致长远后果，近期不容易看出结果，则不宜用"自然后果法"。

## ❀ 不打不骂，掌握批评孩子的艺术 ❀

读初一的涛涛放学回家拿出成绩单，妈妈看到儿子惨不忍睹的成绩后火冒三丈。

"给你说了多少回了，平时回来后先写作业，你偏偏不听，回来后就知道看电视，就知道玩，学习搞砸了我看你怎么办！"妈妈一边批评一边把饭菜端上了桌。"快过来吃饭，不吃饭饿死了我可不管啊！"涛涛小心翼翼地走到餐桌旁吃饭，正吃着吃着把菜汤洒到了衣服上，妈妈又开始唠叨起来："你看你，学习学不好，这么大的孩子了吃饭还这么笨，真没出息！"涛涛把碗筷往桌上一放，赌气回到屋里不再出来。爸爸见状和妈妈吵了起来，一场家庭战争悄然升级……

虽然我们倡导鼓励和赏识孩子，可有时他们实在太过调皮，或者犯了错误不得不批评。孩子犯了错误，该如何批评？很多时候，单靠指责、打骂是不行的，不仅孩子伤心、反抗，家长心里也内疚，而且通常没有效果，孩子照样会再犯错。

如何正确地批评孩子，家长不妨尝试这样做——

## 批评孩子前，家长先冷静控制情绪

几乎所有的家长都会有对孩子发脾气的时候，孩子犯了错，家长心情好时，还能保持语气平和，心情不好或者很忙的时候，就会任凭自己的情绪，对孩子大喊大叫，甚至会边动口，边动手，说出一些难听的话，对孩子造成不良的影响。

在父母拳头下长大的孩子，容易形成破罐破摔的心理，对所有的批评都"左耳进，右耳出"。

批评孩子前，家长必须先冷静下来，以便做出正确的判断。你可以表情凝重、严肃，但别气势汹汹，暴跳如雷，更没必要语调高八度，把你的好形象咆哮得无影无踪。

## 注意姿态，批评也要讲究仪式感

谁都不喜欢被批评，不喜欢别人说自己这不好、那不好，孩子也一样。面对大人的说教，他们要么沮丧、哭泣，要么试图靠插科打诨、卖萌来蒙混过关。

因此，当我们想要指出孩子的错误时，开场的姿态和仪式感很重要。因为俯视会给人带来压迫感，所以我们应该尽量平视孩子，让他们感到自己被尊重，比如一起坐在沙发上。同时，为了表示对这次谈话的重视，大人务必放下手中的事情，孩子也要停止正在进行的活动。

## 问清缘由，批评要有度

批评孩子，不能不分青红皂白，要给他们解释的机会，弄清孩子为什么要这么做，再根据具体情况来批评。同时，批评的话不必说太多，言简意赅，就事论事。批评是为了让孩子知道，什么事不该做，做了会带来什么后果，从而帮助他们修正自我。我们不妨把"不听话""不懂事""你再……我就……"换成"这样做会……""你觉得那样可以吗？"也可以给孩子讲讲自己以前是如何改正错误的，引导他们在错误中反省和学习。批评孩子过程中切忌喋喋不休翻旧账，或者讲别人家的孩子来刺激他，引起孩子的反感。

## 批评要讲究时间、地点和场合

尽量不要在清晨、吃饭时、睡觉前批评孩子。在清晨批评孩子，可能会破坏孩子一天的好心情；吃饭时批评孩子，会影响孩子的食欲，长此以往会对孩子的身体健康不利；睡觉前批评孩子，会影响孩子的睡眠，不利于孩子的身体发育。最关键的是，父母批评孩子最好单独进行，最不应该在公开场合，比如：公共场所、当着孩子同学朋友的面、当着众多亲朋的面。如果父母在这些场合批评孩子，会大大损伤孩子的自尊心，会让孩子感觉很没面子，而且往往引起孩子的抵触情绪，还可能会对父母心怀不满甚至心生怨恨，会影响父母与孩子之间的感情。

## ❀ 读懂孩子的任性密码 ❀

晓晓从幼儿园回家后，一刻不停地在屋里又蹦又跳，一会儿蹿到沙发上，一会儿又爬到床上，把房间弄得乱七八糟，他自己也浑身大汗，满脸通红。正当他玩得高兴的时候，邻居家奶奶过来串门，他却把电视声音开得很大，弄得家人简直无法聊天。妈妈说了他几句，他却大吵大闹，躺在地上又哭又叫……

虽然几乎每个孩子都有任性的时候，但专家认为，孩子任性心理不是天生的，环境是导致儿童产生任性心理的主要因素。孩子不断地会有"我要"的要求，但是，他们的思维能力还不能理解父母为什么爱说"不行"。即使他们长大一些后，知道了"为什么不可以"，他们的自控制力也还很有限，还不足以控制强烈的"需要"冲动。此时，如果家长不加约束，不进行教育，就很容易导致儿童任性心理的形成。那么，导致孩子任性的因素有哪些呢？

## 父母缺乏耐心，教养方式不当

孩子一不听话，爸妈开始还坚持原则，可当孩子继续为所欲为时，爸妈觉得烦，认为"反正教了他也不会听""孩子还小，不懂事，等他大了自然就会好的"，而不再坚持。这些父母其实不知道，幼儿的自制力还没有觉醒，他们大多希望照着自己的意思去做，因此父母必须坚持原则。一个"种瓜得瓜，种豆得豆"的基本道理很简单：假如在孩子尚小的时候不尽教导的责任而是一味妥协，就不要期待孩子将来会自动变好。

## 孩子自制能力差，易冲动

思维带有片面性及刻板性，因此容易任意所为。父母不了解孩子的心理，不问缘由地用训斥、打骂等方式回应孩子的一切"不合理要求"，从而导致孩子产生逆反心理，以执拗来对抗父母的粗暴，这样也会助长了孩子的任性行为。

虽然任性是孩子普遍存在的问题。如果我们放任孩子的任性，将会影响他们的人际交往，因为任性的孩子很难与同伴友好合作、分享、协商，他们往往随心所欲，很难作出利他（如关心、谦让、助人、同情等）的行为。孩子任性还会影响成人、同伴对他们的评价，并由此影响他们自我意识的发展。任性的孩子通常借助在地上打滚、不停地哭闹、乱扔东西等行为来表现他们的情绪、要求与脾气。如果这些消极行为经常发生，就会强化他们的不良个性品质。作为父母，如何淡定应对孩子的任性呢？

## 先理解和接纳孩子的情绪

孩子任性不听话，不接受大人讲的道理，往往因为大人不懂"小人"心。如果从孩子的立场，用孩子的眼光看世界，用孩子的心感受生活，孩子的心才能和我们相通。我们一旦读懂了孩子的心，在教育孩子的时候就会多一些顺利，少一些失误。如果孩子出现任性撒泼时，家长先要耐着性子理解和接纳孩子的情绪，父母要先用同理心和倾听的技巧，接纳孩子的情绪。当孩子知道你愿意理解他的感受，就会慢慢将情绪稳定下来。

## 不给孩子用任性要挟父母的机会

一次吃晚饭前，嘟嘟非要喝碳酸饮料，妈妈不仅没有同意，而且没有哄他，只留下嘟嘟自己坐在地上哭。嘟嘟哭了一阵子发现没人理他，家人都围着桌子吃饭去了，他自觉没趣，只好洗洗手走到餐桌前吃饭。以后每次嘟嘟任性哭闹时，爸爸妈妈都不迁就他，也不给他当"观众"，事后再给他讲道理。就这样，慢慢治好了嘟嘟任性哭闹的毛病。

作为一种习惯养成，任性有很大的后天因素。如果孩子刚一哭闹，大人就心软、百依百顺，等到孩子掌握了任性哭闹这个要挟大人的"法宝"，而无休止地恶性发展下去时，再想解决就很难办了。孩子会很敏锐地抓住时机，学会影响父母，甚至要挟父母。所以，必须从很早就注意对待孩子的态度和方式，不给孩子学会用任性要挟父母的机会。

### 以合理的方式满足孩子的合理要求

适时满足孩子的合理要求，也是预防孩子任性的一个方法。比如孩子一天没见到妈妈了，想跟妈妈亲热一番，让妈妈讲个故事什么的，这就是合理要求。这个时候，妈妈就应该及时满足孩子的要求而不是视而不见，直到孩子大哭大闹犯起性子来再满足他。有时候，孩子的任性常常是为了争取某种需要的满足。聪明的做法是以合理的方式满足孩子合理的需要，等孩子任性发脾气了再来答应孩子的要求，是不明智的做法。当然，满足孩子的需要一定要讲究条件，对于不能或不该满足的需要一定要坚守原则，毫不妥协。

## ❧ 允许孩子申辩，给他讨公道的机会 ❧

王女士的儿子很懂事，自从姥姥从老家来了以后，他怕姥姥觉得闷，每天带姥姥出去散步，还用自己的零花钱给姥姥买鲜花。把姥姥高兴坏了，姥姥乐呵呵地说："我活这么大年纪，还是头一次收到别人送的花呢！"

有一天，王女士下班回家，一进门就听到房间里有"嘎嘎嘎"的叫声，一看，原来是几只活蹦乱跳的小鸡正在房间里乱窜。看到家里乱七八糟的样子，加上上班的劳累，王女士顿时心烦意乱，张口就训斥孩子："马上就要期末考试了，玩这些干吗？看你把家弄得成什么样子了！"

孩子张嘴正要向她解释，她却不由分说地呵斥道："住口！给我把这些东西都扔出去！我不想听你说什么，你也不用解释！"说完就要去抓那几只小鸡。这时，孩子的眼泪哗哗地流了出来，委屈地看了妈妈几眼，然后转身回到自己的房间，重重地关上了门。

王女士一看更气了，刚想追过去再教训儿子，这时孩子的姥姥拦住了她："你就别骂孩子了，这是孩子给我买的，他说怕我在家寂寞，就买了几只小鸡来陪我。孩子这都是出于一片好心，你要真觉得不喜欢，可以好好和孩子说，把这些小东西送给别人就得了，干吗骂孩子啊？"

王女士知道事情经过后很后悔，但是儿子的委屈已经造成。

在家庭中，如果孩子经常被喝令"住口"，渐渐地就会放弃为自己辩解的权利，而他们背负的委屈也会越来越多。总是这样一个人默默承受，背负着沉重的思想负担，就有可能造成严重的心理问题。

因此，当孩子犯错时，父母一定要冷静地对待孩子的过错，因为一件看似非常简单的事情，它的背后却往往没那么简单。也许孩子做错事的初衷是好的，也许孩子做错的事的确情有可原。所以，应当尽可能给孩子申辩的机会，以便了解事情的真相，只有这样，孩子才能心悦诚服地接受父母的教育。

## 给孩子辩解的权利，是尊重的体现

所谓"真理面前，人人平等"，父母没有理由堵住孩子的嘴巴，不给孩子辩解的机会。既然孩子要辩解，说明孩子对父母的话有不认同的地方，那么让孩子把想说的说出来，父母才能了解事实的真相。否则，轻易给孩子下结论，只会误解孩子，使孩子受委屈。

给孩子辩解的权利，是尊重孩子的最起码的表现。爸妈应该明白，辩解并非强词夺理，而是让孩子把事情讲清楚，讲明白。给孩子辩解的权利，孩子才会更加理解你所讲的道理，使教育收到良好的效果。

## 若是在公共场合，要给孩子"台阶"下

大多数孩子都很爱面子，如果在公共场合，父母当着其他孩子的面批

评、责罚孩子，会让孩子觉得很没面子，这样孩子就容易产生对立情绪，即使他知道错了，也会"宁死不屈"，强词夺理，甚至与父母对着干。所以，在公共场合教育孩子，父母要讲究艺术，注意给孩子"台阶"下。

### 坚信"没有调查就没有发言权"

没有经过调查就信口雌黄，是许多父母家长主义思想在作怪，他们想当然地认为、主观臆断，使孩子被误解。当孩子准备辩解时，又被他们打压，结果孩子觉得非常委屈。家长应该坚持"没有调查就没有发言权"的思想，在没有了解事实真相之前，不要对孩子轻易下结论。如果想了解事实真相，就必须充分了解当事者——孩子的意见，这就需要给孩子解释的机会。

在没有了解事实之前，父母要学会克制自己的情绪，然后给孩子申辩的机会，这是尊重孩子发言权的表现，也是尊重事实的表现，这样才能避免无端地误解孩子，给孩子造成伤害。

## ❧ 延迟满足，教会孩子控制冲动 ❧

发展心理学里有一个经典的实验。实验者发给4名被试儿童每人一颗软糖，同时告诉孩子们：如果马上吃，只能吃一颗；如果等20分钟后再吃，就给吃两颗。结果有的孩子急不可待，把糖马上吃掉了；而另一些孩子则耐住性子、消磨时光以克制自己的欲望，从而获得了两颗糖。研究人员跟踪观察发现，那些以坚忍的毅力获得两颗软糖的孩子，长大后表现出更强的适应性、自信心和独立自主精神，事业上更容易获得成功；而那些经不住软糖诱惑的孩子则往往屈服于压力而逃避挑战。

这就是著名的"延迟满足"实验。那些能等待并最后吃到两颗软糖的孩子，在青少年时期，仍能等待机遇而不急于求成，他们具有一种为了更大更远的目标而暂时牺牲眼前利益的能力，即自控能力。而那些急不可待地只吃一颗软糖的孩子，在青少年时期，则表现得比较固执、虚荣或优柔寡断，当欲望产生的时候，无法控制自己，一定要马上满足欲望，否则就无法静下心来继续做后面的事情。换句话说，能等待的那些孩子的成功率远远高于那些不能等待的孩子。

生活中，如果孩子要什么，父母马上给什么，孩子很容易养成性格急躁、不会等待、不懂珍惜、不会感恩等不良品性，这样的孩子不但难以成功，更难以得到快乐。为此，父母有必要对孩子进行"延迟满足"的训练。

所谓"延迟满足"，就是我们平常所说的"忍耐""节制"。为了追求更大的目标，获得更大的享受，可以克制自己的欲望，放弃眼前的诱惑。但"延迟满足"不是单纯地让孩子学会等待，也不是一味地压制他们的欲望，它是一种克服当前的困难情境而力求获得长远利益的能力。而如果延迟满足能力发展不足，容易性格急躁、缺乏耐心，进入青春期后，在社交中容易羞怯固执，遇到挫折容易心烦意乱，遇到压力就退缩不前或不知所措。

能不能忍耐和长时间地等待，是孩子自制力强与弱的一种表现，因为生活中并非事事都遂人愿。那么生活中，父母要怎样训练孩子的延迟满足能力呢？

## 循序渐进，从易控制的事做起

延迟满足能力的培养要在十多年的观念传递之后，孩子才会把它内化为自身的一种素质和能力。因此，延迟满足的训练要循序渐进，从易控制的事做起。因孩子的年龄、需要不同，父母给予其延迟满足的时间和方式也应有所不同。

比如刚出生的宝宝主要是生理需要，当他们饿了或渴了，就会嗷嗷大哭。父母可以稍微晚几秒给孩子喂奶、喂水，让他们从小就学会等待。而随着孩子的年龄增大至两三岁，孩子的需要逐渐多起来，父母要学会分析孩子的合理需要，给予不同的延迟满足方式：可以推迟满足时间，让孩子学会等待；也可以让孩子付出劳动或努力。比如孩子喜欢上了一台遥控车，这时父母可以告诉宝宝等他过生日时，父母再买给他。如孩子想要一辆自行车，父母可以让他帮忙做家务一星期，然后再买给她。这样在等待的过程中，孩子学会了忍耐，也学会了珍惜。当然，父母的许诺都要得到兑现，不然孩子会觉得这是你故意拖延的借口。

## 冷静对待孩子的任性哭闹

有的孩子很任性，当父母不能及时满足他们的要求时，他们会通过哭闹来与父母抗争，这时父母一定要冷静对待，态度坚决，不能有半点儿让步。必须让孩子明白，生活中有些东西并不是想要，就可以立即得到。当孩子发现哭闹不能解决问题时，他就会试着按照父母的意图做，要么等待，要么通过付出努力得到想要的东西。

## 不要吝啬表扬

培养孩子延迟满足的能力离不开父母的鼓励。当年幼的孩子努力按照成人的要求"刷新"自己的纪录时，父母一定要肯定孩子，给予一些小奖励，从而让他们获得坚持的动力。另外，如果孩子坚持要获得即时满足，父母也不要勉强孩子刻意坚持，因为对于年幼的宝宝，让他们自觉地自我控制欲望是一件很难的事。

延迟满足的目的在于训练孩子的自我控制能力，学会忍耐。而有延迟满足能力的孩子，在今后的学习中更易成功，在未来的人生路上也会更有耐性，较易适应社会。因此，爸爸妈妈不要因为爱孩子而一味地满足他，延迟满足能让孩子将来获得更大的成功。

延迟满足是一种性格，也是一种能力。在学前阶段是孩子主动性发展的关键期，初中和高中都是孩子自我意识变化迅速的时期，因此在这些阶段，营造一种氛围，让孩子在自主、主动的行动中获得心理和物质的满足，同时要给予一定的引导和约束，特别是要在一些情境中推迟其需要的满足。这样，我们的孩子从家庭走向社会才会从容、镇定，不会被困难所吓倒；将来踏入社会，不管遇到任何风雨他们都能勇敢前进。

## ❧ 对孩子加强情商培养 ❧

在综艺节目《妈妈是超人》中，明星妈妈胡可的教育方式引发了大家的关注。节目中有一幕，胡可的两个孩子——安吉、小鱼儿坐在车后座上互抢玩具。结果哥哥把弟弟弄哭了。但是，胡可喝着咖啡淡定地开着车，等待着兄弟俩自行解决问题。没多久，两兄弟已经忘记了刚才的矛盾，和好如初，并愉快地飙起歌来。

胡可在接受采访时表示："谁说老大就要让着老二？在可以保护他们不受原则性伤害的情况下，尽量让他们去想这个事情是对还是错，是好还是坏，让他们自己去寻找解决问题的方法。大人越干涉，他们的关系会越激烈，大人给他们足够的空间，他们一定会找到他们之间相处的平衡点。"

不得不说，胡可的教育方式值得很多父母学习，假如胡可在两个孩子发生矛盾之初横加干涉，那么孩子们就缺少了一次控制情绪、处理人际关系的实战机会，而这些机会，恰巧是为了提高情商准备的。

所谓"情商"，也就是我们平时所说的非智力因素，它包括自我认识、情绪管理、自我激励、了解他人和社会交往。在评价情商高低时，一般将其具体分为"自信心""爱心""独立性""竞争意识""乐观""诚实""交往合作""意志力"、"目标性"这九项。对于父母而言，除了重视孩子在学校的学习外，还有一项在家庭教育中不可或缺，甚至比智商教育更为重要的，就是情商教育。那么，应该如何培养高情商的孩子呢？

## 帮助孩子辨识自己的情绪

培养孩子高情商，首先就要帮助孩子辨识自己的情绪。

如果孩子放学回来告诉你："今天在学校有同学打我！"身为家长的你，这时候的反应会是……

答案A——"这种小事别放在心上。"

答案B——"你不会也教训他吗？你有没有打回去？"

答案C——"我现在很忙，晚一点儿再说。"

答案D——"还好吗？有同学打你，所以你觉得很委屈？"

重视孩子情商的父母亲的答案，会是最后一个——D。

情商高手的基本功，就是察觉自己的情绪状态，能很快了解自己当下的情绪。因此父母在这个情况下，应先帮助孩子辨识出现有的情绪状态。帮助孩子辨认自己的情绪状态，可以让孩子明白，接下来要处理的，是自己的情绪，而不是那个"对方"。也就是说，现在真正该做的，不是因自己感到委屈而找对方理论，而是应该意识到，真正的困扰是自己的情绪反应，那么随后该努力的，就是如何调整情绪，做出合适的反应。

## 少介入孩子的行为，给孩子情绪稳定的陪伴

德国漫画家卜劳恩的名作《父与子》中，有组经典的《孩子吵架大人闹》画面。漫画里，儿子和小伙伴打架后，儿子哭着找老爸诉苦，爸爸拉着儿子和对方家长理论。两位父亲越吵越火，最后打了起来，两个孩子在一旁观战。而当爸爸们战况激烈时，两个小朋友已经和好如初，在一起玩

游戏了。

这组漫画给我们提出了一个问题：孩子究竟需要我们帮助解决的是什么？

就像《妈妈是超人》节目中，明星妈妈胡可淡定地开着车什么也没有做，为什么兄弟俩的矛盾就不见了？原来，人和人之间的沟通70%是情绪，30%是内容，如果沟通情绪不对，那内容就会给扭曲了，所以沟通内容之前，情绪层面一定要梳理好，不然误会只会越来越深。

当孩子不被情绪困扰和影响的时候，他才能更好地发展自己的社会化功能，而社会化功能好的孩子，往往都是高情商的孩子。

而孩子常常容易受到成年人的情绪影响。我们经常可以看到这样的画面：当孩子摔倒了，旁边的成年人一惊一乍地发出惊叫声，"哎哟""啊"。孩子也许只是一下没走稳摔倒，原本并不觉得疼痛，但是受到了成年人的这种影响和暗示，然后就"哇哇"大哭起来，甚至会以为发生了什么严重的、可怕的事情。

如果此时，旁边的父母只是微微笑着问孩子："摔疼了吗？"孩子看到父母稳稳地在旁边，他也会感到安全。孩子无论是否摔疼，他都会知道，只是摔了一跤，疼就疼，不疼就不疼，也就不会被恐惧的情绪困扰。培养一个高情商的孩子，父母需要"少介入"孩子的行为，除非是孩子的行为可能会伤害自己或是伤害他人。当孩子和同伴交往时，父母可以在旁边安静地陪伴。这样，孩子就不会被情绪困扰和影响，才能更好地发展自己的社会化功能。

## 换种方式说话，帮助孩子树立自信

有位母亲第一次参加家长会。幼儿园的老师说："你的孩子有多动症，在板凳上3分钟都坐不了。"回家的路上儿子问老师说了什么，她鼻子一酸，差一点儿落泪。"老师表扬了你，说宝宝原来在板凳上坐不了1分钟，现在能够坐3分钟了。别的家长特别羡慕妈妈，因为全班只有宝宝进步了。"

那天晚上，儿子破天荒地吃了两碗米饭。第二次家长会，老师说："全班50名同学，这次你儿子数学排49名，我怀疑他有智力问题，最好带他到医院看一下。"

回家的路上，她哭了。回到家里，看到诚惶诚恐的儿子时，她振作精神："老师对你充满信心，你并不是一个笨孩子，只要你能够细心些，会超过你的同桌。"说这些话时，她发现儿子暗淡的眼神一下子亮了。

第二天上学，儿子比平时起得都早。孩子上了初中，又一次家长会，老师告诉她："按你儿子的成绩，考重点中学有点儿危险。"她还是告诉儿子："班主任对你非常满意，只要你努力，很有希望考上重点中学。"

高中毕业，儿子把名牌大学通知书送给了妈妈。边哭边说："妈妈，我一直都知道我不是个聪明的孩子，是您……"

这时，妈妈再也按捺不住十几年聚集在内心的泪水。

自信是情商能力的基石。自信的孩子，在面对别人的恶意攻击时能沉稳以对，并拥有良好的抗挫及抗压能力，在人际关系上也会得心应手。对于缺乏自信的孩子，他们对自己每一点儿小小的进步都非常在乎，渴望得到大人的肯定。

事实上，家长对孩子的评价，对其自信有着直接的影响，因此，若平时只是批评而极少给予表扬，家长就会在不知不觉中，在孩子心目中塑造了不佳的自我形象。

特别提醒父母的是，孩子的优点不该是和别人比较的成果，而是孩子他本身所具有的特质。比如，"很有爱心，对小动物很好；很有礼貌，会主动和朋友打招呼"等这些人格特质，而并非"每次都名列前茅"等建立在比较之上的结果。如果要称赞孩子的学习表现，"学习很认真、负责，会自我督促念书"就会是更好的理由。多鼓励和肯定孩子，让他对自己有着合适的自信，会让他的情商能力大幅度提高。

智商与遗传关系很大，但情商主要是经过后天培养的。3—12岁是情商培养的关键期。情商教育能影响孩子的一生。一个情商高的孩子是不怕失败的，是活跃并有创造力的，是具有获取成功和幸福的能力的。这才是真正能让孩子享用一生的财富。家长若能积极地进行情商教育，培养孩子良好的情商能力，就能让其心理免疫力大大增强，得以应付学习和生活中的低潮与挑战，让孩子有能力去经营一个成功与快乐并存的美好人生！

## ❀ 不把自己的意志强加给孩子 ❀

"有一种冷叫妈妈觉得你冷"。最近，张女士算是真正领教到了这句话的内涵。周末带儿子出去玩，因为刚下完雨，她怕儿子受凉，就给儿子拿了件外套穿上，没想到儿子怎么也不愿意穿。

"快穿上！着凉怎么办？"

"妈妈，我觉得不凉！"

"我都觉得凉了，你还能不凉吗？赶紧穿上！"

"妈妈，那是你的感觉，不是我的感觉！"

张女士愣住了，觉得儿子的话好像一语惊醒梦中人。有多少时候，她把自己的意志强加给了孩子。每天早晨穿什么衣服，都是她提前给儿子挑好，有时儿子不喜欢她也会强制儿子穿，觉得儿子是在挑三拣四。她给儿子报绘画班，是因为看到有新闻说美术以后会纳入中考，虽然儿子对美术并不感兴趣，只想去学跆拳道。

茱迪丝·布朗在《都是为了你好》这本书中说："父母自欺欺人的通病就是，他们为孩子做的一切，无论如何满足了他们自己，都说成是为了孩子。这种说话表面有理，其实荒谬。我们下定决心一切都是为了孩子好的那一刻，我们已经在不知不觉中阻碍了孩子的正常发展。"

现实中，许多家长从孩子出生就给孩子设计好了成长方案，他们按照自己的意愿来塑造孩子，按照自己的意志来改造孩子。他们自以为是为孩子好，是对孩子负责任。殊不知这样做严重违背了儿童成长规律，背离了人类自然成长天性。

这些家长确实没少跟孩子操心、受累，他们喋喋不休、不厌其烦地规劝孩子、告诫孩子，甚至训斥孩子、辱骂孩子，孩子却照样我行我素，甚至和家长对着干。"好心"为什么没有好报？孩子为什么不听家长的话？一个重要原因就是，家长把自己的意志强加给孩子，孩子本能的反应首先就是反抗。要想不把自己的意志强加给孩子，爸妈需要注意——

## 不要剥夺孩子的选择权

很多父母有种补偿心理，自己没有实现的，希望孩子能实现，自己没有拥有的，希望孩子能拥有。有些家长自己小时候没机会学习琴棋书画，就特别期望自己的孩子都能学一点儿。一些家长认为自己没有获得非常特别的成就，就会把更多的希望寄托在孩子身上。

殊不知，补偿心理一旦过了头，就会变成控制欲过强，无形中会把自己的意志强加给孩子，甚至想要掌控孩子的人生。但事实上，孩子是独立的个体，他拥有自己的独立人格和想法，有选择自己道路的权利，家长只能引导而不可能操控。

总是替孩子做选择，强制孩子按照自己的想法去做，可能让孩子出现逆反心理，还会影响孩子的自我成长，这样的孩子将来可能出现各种问题，比如不自信、容易对自己产生怀疑，将父母及其他权威人物的标准当作唯一准则而失去独立思考的能力，或因无法达到要求而采用说谎的办法来应对等。

## 接纳自己和孩子的不完美

家长要学会改变自己对孩子的控制欲，首先要学会接纳自己目前的状态。很多时候，家长将自己的愿望投射给孩子，是因为不接受自己，对自己的目前不满意。比如说，有些家长觉得自己当年没考个好大学，就把成才的要求都寄托在孩子身上，孩子考什么大学、学什么专业都要听自己的，孩子若达不到自己的目标就大动干戈。其实，如果家长能平静地接受自己的能力和生活状态，也就能接受孩子的天资和起点有差异的现实，就不会对孩子有过多的苛求。

家长最忌讳说：孩子，爸爸（妈妈）这辈子也就这样了，只能看你的了。要知道，孩子是孩子，父母是父母，与其把愿望一味施加给孩子，不如自己去尝试和改变。作为家长，我们只能引导，不能强制。

## ❀ 全家一起定家规 ❀

俗话说："没有规矩，不成方圆。"要想让孩子有规矩，知道自己做事情的底线，最好让他们知道这个底线是由自己把握的，而不是大人。这样，孩子才能在不受家长强制的生活中逐渐学会如何生活，摆脱"不好的""常犯错误的"状态，走上自由的、快乐的、有规则的、成长的轨道。

若想遵循爱和自由、规则和平等的教育精神，可以尝试全家一起定家规，让孩子参与到家规的制定中来，具体操作过程中，需要注意哪些方面呢？

### 落实家规不能三天打鱼两天晒网

在定家规之前，全家人要好好商量一下，制订出实施计划。一旦定下了规则，就要坚持落实到底，必须让孩子做到，决不能三天打鱼，两天晒网。

家长要知道，要把握好让孩子养成良好习惯的主动权。如果规定孩子每天睡觉前一定要把他的玩具整理好，那么在实际生活中就必须这样要求他，等孩子养成这个习惯后，就不会再故意耍赖或找借口不遵守了。

因此要给孩子定家规，最好想清楚了，一步到位，否则，反反复复会给孩子增添更大的麻烦。

## 不要无休止地和孩子讨价还价

有些妈妈说："我每次都向孩子解释得很清楚，为什么有些事情不能做，而有些事必须做，但孩子还是不肯放弃他的想法，最后常常陷入无休止的'讨价还价'中，有时为了一些小事就会缠磨很久，比如每天要不要刷两次牙。"

向孩子解释原因、顾及孩子的想法肯定要比简单地命令孩子好，但好言相劝也不能没完没了，孩子会利用这样的场合进行长时间的讨价还价。如果父母首先表现出犹豫，孩子就会"乘胜追击"，最后往往使定出的家规顺着孩子的心意转换。而且并不是所有规则都可以让孩子一起参与并讨价还价的。比如，在外遵守交通规则就没有孩子反驳的余地。如果孩子发觉你是很严肃地说这件事的话，一般都会照你的话去做。

## 不要有太多的处罚和物质奖励

许多父母会在制定家规时给孩子许下一些奖励，或者处罚措施，比如，"如果你将东西整理好，我就给你吃个冰淇淋"或"你如果再不整理好东西，我就把你的玩具扔到垃圾桶里"。

虽然从日常生活的经验中，我们已经发现有时一个奖励或一个惩罚比一千句话都管用。但心理学家认为，这种方法一般只能在特殊情况下采用，否则，孩子遵守规则的动力可能只是随之而来的奖励或惩罚，而非规则本身的意义。

所以在决定给孩子奖励或惩罚时，尽量与他要遵守的规则结合起来，让孩子把规则记在心上。比如，你为孩子制定了"每天只能吃两颗巧克力"和"每天睡觉前都要把玩具整理好"的规则，如果孩子没有遵守，你可以对他说："如果你不把玩具整理好，那么明天你一颗巧克力都不能吃。"

## 有些家规父母和孩子都要遵守

大部分家规不仅仅是立给孩子的，而是父母也要严格遵守，以身作则。比如，要让孩子规律进食，家长自己就要在饭桌上举止规范，不挑食，不浪费。要让孩子懂礼貌，家长自己就要对所有的人——包括自己的孩子以及其他所有的人使用文明用语。

家里人也要统一认识、统一行动，互相配合方能取得成功。而且，给孩子定家规，不要只是定规则，还要帮助孩子自己认识到为什么要守这些规则，否则孩子将来就只要没人管就胡来，怕别人说的时候才守规则。

定规则容易，让孩子自己理解为什么要有规则难。但是只有他真正理解了，才是长远的事，他才真的能够在一个自由的社会里做一个自由的人。

# 挫折教育，让男孩过点儿苦日子

07

对于他们来说，一丁点儿的挫折都可以是压倒骆驼的最后一根草。只有经历过挫折考验的人，才能迎接人生的彩虹……

我们不时可以从新闻里见到，某某因为考试没考好，家长训斥了几句便离家出走；某某大学毕业后找工作不顺利便跳楼轻生。对于他们来说，一丁点儿的挫折都可以是压倒骆驼的最后一根草。我们应该对孩子进行适当的挫折教育，特别是男孩更应该让他过点儿苦日子，只有经历过挫折考验的人才能迎接人生的彩虹……

## ❧ 学会放手，让孩子直面挫折 ❧

著名教育家马卡连柯曾说过："合理而恰当的挫折教育不仅是合理的，而且也是非常必要的。"挫折教育可以激发孩子的潜能，经历一定的挫折，对形成孩子的坚强意志不可或缺。从孩子的心理出发，孩子的随意性活动占主要地位。所以在新的教育观念下我们应多为孩子进行挫折教育，既强化孩子的意志又锻炼孩子克服困难的能力。

虽然直面挫折对孩子的教育意义已被很多家长达成共识，但若处理不当，孩子经历挫折的积极意义有可能会减轻。让孩子直面挫折，妈妈需要注意以下几点——

### 及时帮孩子总结失败的原因

社区举行的才艺比赛中，最终只有三个小朋友获奖，他们在台上喜笑颜开，台下没有得奖的孩子默默无语、表情严肃。

5岁的牛牛扁着嘴小声抽泣，接着所有没得奖的孩子也都哭了。牛牛妈妈这样安慰孩子："没关系，输就输吧，得奖的小朋友还没有咱们演得好呢！"

孩子为比赛输了而哭并非坏事，既是情绪的自然发泄，也是一种争强好胜、要求上进的表现。对于孩子的失败经历，此时家长不能告诉孩子"输就输吧，没关系"，否则会助长他无所谓的心态，而是应该帮助他分析失败原因，认识到自己的不足，才能让孩子有收获。

## 根据孩子个性，不盲目设置挑战

为了使孩子能够健康成长，并且具备良好的个性，父母可以在孩子的生活中巧妙地设置一些挫折与困难，不过，父母也要观察孩子的个性，别盲目地设置挑战，打击孩子的自信心与积极性。

心理学家维高斯基强调，给孩子设置的所谓"挑战"，必须要接近孩子的能力、结合他的个性，否则，这些"挑战"对孩子而言，是没有意义的。举例来说，如果父母跟一个只认识数字1—10的孩子介绍100元和50元的钞票，那就等于是对牛弹琴，因为孩子根本还不了解100和50的差异，更不用说100元和50元的意义了。由此可知，父母提供给孩子的挑战，必须要贴近孩子的年龄、接近孩子的能力，有一点点难度，但是又没有超越孩子的能力范围。

## ❀ 让孩子从生活中体验挫折 ❀

现在很多孩子处在家庭的保护中，经受不了一点儿的挫折和困难，脆弱成了他们的代名词。脆弱，是一触即破的"蛋壳心理"的本质。现在很多孩子只能听赞美之词，听不得半点儿反对意见，对父母和老师的批评更是抱有逆反心理；很多孩子外表高傲，内心脆弱，敏感多疑；只能接受成功，却不能面对失败……而过分娇纵、百般溺爱是导致这种心理的最直接原因。孩子的这种"蛋壳心理"，是他们人生旅途上的隐患，为了让"蛋壳心理"远离孩子，必须让孩子从生活中体验挫折。

其实，孩子在现实生活遇到的挫折并不是少数，比如，孩子因为一些小小的失误导致考试成绩下降了、同学之间闹矛盾了、犯了一些小错误被老师批评……这些在家长眼中不算什么，但是对孩子来说都是他们成长中的重大事件，在这些"大事"上遭遇困难就是挫折。

家长对待这个问题容易犯两种错误，一种是摆平孩子成长过程中的所有障碍，对孩子过度保护；另一种就是完全用成人的眼光观察孩子的世界，不认同孩子面对的挫折，反而从自己的角度出发给孩子"制造"挫折。

挫折教育其实是贯穿在每一天中的，那些成人看起来是不起眼的小事对孩子也是一种教育。如孩子摔倒了，有些家长会赶紧跑上前扶起孩子，还对孩子说："这个地面真不好，让宝宝绊一跤，我们打地面。"这样做结果是使孩子把跌跤归因于外因，不敢正确地面对挫折。正确的方法是帮助他了解产生挫折的原因和应付的对策，比如告诉孩子"走路看地面才不会绊到石头"。

作为家长，应大胆地放下保护伞，只要是孩子力所能及的事都要让他自己去做，哪怕是衣服穿得一塌糊涂，哪怕是饭粒撒得到处都是。让孩子在做中体验挫折，学会克服困难。

## ❀ 增强孩子克服困难的信心和决心 ❀

8岁的杨杨因为紧张，在才艺比赛中弹钢琴失误，曲子都没有弹完就哭着跑下台。妈妈见状又气又急："在家不是弹得好好的，怎么一上台就全忘了？真是够笨的，还哭啥？"

在一些父母看来，孩子的成绩就是大人的"脸面"，好了自己脸上就有光，不好就让自己丢人。所以，一旦孩子做错了什么或遭遇失败，面子上最挂不住的是父母。他们虽然希望孩子在挫折面前有很好的表现，但是自己却不能客观地看待孩子的失误，常常指责、埋怨，甚至挖苦。这样做只能给孩子的未来蒙上一层阴影，很可能使他自暴自弃，误认为失败是可耻的。最主要的是，父母的埋怨和指责会打击孩子面对困难的信心和决心。另外，孩子遭遇挫折后，家长切忌添油加醋、雪上加霜，这种做法容易使孩子意志消沉、自信心减弱。

据统计，我国目前中小学生存在的心理疾患中，30%左右是缘于年幼时经历的挫折和打击没有得到正确的引导。孩子在经历挫折时常会产生比较消极的情绪和抵触心理。作为家长，要注意帮助孩子获得战胜困难的成功体验，从而提高"自我效能感"，增强自信。

父母在教育孩子的过程中，要注意充分发挥孩子的主动性，让他在自己独立做好一件事后，充分享受成功的喜悦，汲取失败的教训，从而提高孩子学习的积极性，树立自信心，走向新的成功。

## ❧ 适当的挫折，而不是彻底的绝望 ❧

6岁的牛牛今年刚上一年级，妈妈之前一直把他当成小孩，觉得怎样都可以，无论如何都要给孩子一个无忧无虑的童年时光。但是现在上小学了，妈妈觉得应该正儿八经地把牛牛当学生看待了。很多之前包办的事情突然撤销，为了给牛牛加强挫折教育，还变本加厉地对孩子提出了各种要求。比如，妈妈要求牛牛饭后自己刷碗，感冒了自己去楼下诊所拿药，放寒假时让奶奶带回农村老家待了整个假期，理由只有一个："你都是个小学生了，不应该再像以前一样娇惯你了！"

牛牛妈妈只以某个年龄为界限来改变自己对孩子的教育方式，没有评估孩子的个人能力和感受，一段时间后，牛牛挫败感极强，觉得自己什么也不会，什么也做不好，连学习也没了劲头。

现代社会是一个充满挑战的社会，在这样的社会中，不遭受挫折是不可能的。如果学生在学校中没有遭受挫折的洗礼，没有正确对待挫折的思想，就好像温室里的花朵，是不可能很好地适应社会的，只有孩子有经历挫折的体会，有应对挫折的良好心态，在一定程度上讲才能够更好地适应社会。

然而，有些家长过于推崇"自古雄才多磨难"，不结合自己孩子的特点，不讲究教育策略，人为设置一些过于沉重的挫折，导致孩子产生新的受挫心理，影响了教育效果。

殊不知，挫折教育不能一蹴而就，任何事情都要有个度，过度对孩子进行挫折教育，有可能把孩子带入"习得性无助"状态。"习得性无助"源于美国心理学家塞利格曼1967年的一项动物经典实验。起初把狗关在笼子里，只要蜂鸣器一响，就给以难受的电击，狗关在笼子里逃避不了电击。多次实验后，蜂鸣器一响，在给电击前，先把笼门打开，此时狗不但不逃而是不等电击出现就先倒在地上呻吟和颤抖。本来可以主动逃避，却绝望地等待痛苦的来临，被动接受和不愿意改变，这就是习得性无助。

为了防止孩子"习得性无助"心理的发展，为其设置的挫折情境必须有一定的难度，能引起孩子的挫折感，但又不能太难，应是孩子通过努力可以克服的。同时，孩子一次面临的难题也不能太多。适度和适量的挫折能使孩子自我调节心态，正确地选择外部行为，克服困难，追求下一个目标；过度的挫折会损伤孩子的自信心和积极性，使孩子产生严重的挫折感、自卑感，甚至陷入彻底的绝望，最后丧失兴趣和信心。

挫折教育虽然能够培养逆商，但是，过早、过度地进行挫折教育，也会破坏孩子的逆商，导致拔苗助长的后果。父母既要有把孩子置于艰苦和困难中的勇气，又要有引导孩子走出挫折和困惑的耐心，更要适度对孩子进行挫折教育，防止过犹不及。

## ❀ 言传身教，为孩子做榜样 ❀

6岁的东东学钢琴有半年多了。

这是3个孩子共同上的团体课，东东无论知识接受能力、理解能力以及课堂专注力都要好于另外两个孩子，再加上课后能够按时练习，所以在课上总能得到老师的表扬。

于是，每次上课，东东的心情都是愉悦的，甚至有时候有些飘飘然。直到有一次，因为外出旅游，东东课后没有来得及练习，当匆忙赶去上课时，生疏的手感自然逃不过老师的眼睛。

东东挨批了！老师的话不重，但从没听过这些的东东还是受不了。妈妈坐在后面看到他偷偷背过脸抹了下泪水，装作什么都没有看到。

不过接下来，在短暂的挫败感后，妈妈看到了东东更加专注地练习。

下课后，妈妈牵着儿子的手在夜色中边走边聊天。话题在不经意间引到钢琴课。东东觉得委屈。妈妈告诉他，不管是什么原因，弹得不够熟练都是客观存在的事实，所以老师的批评没有错。

随后，妈妈又告诉东东，人生的道路上有很多挫折，每个人都会面临失败、伤心、无奈、被批评、被错怪等，关键是如何面对这些挫折。

东东仰着脸问：“妈妈，你也有过挫折吗?”

“当然有。不仅有，而且还有很多……”妈妈讲起了自己成长中经历的一些挫折和当时的心路历程。东东似懂非懂地听着，用崇拜的目光看着妈妈：“妈妈，以后我也要向你学习，做个不怕挫折的人！”

有人说，一流的父母做榜样，二流的父母做教练，三流的父母做保姆。榜样的力量是无穷的，孩子往往会把某些自己看到的人物形象作为自己的模仿对象。挫折教育中也是如此，在具体榜样形象的感染下，孩子能加深对挫折的认识，激起内在的上进热情，进而转化为自我完善的动力。

儿童成长教育大师孙云晓先生说过："孩子是在体验中长大的，既然我们不能代替孩子成长，就不能代替孩子体验。"作为家长更要注意自己的言传身教，时时刻刻给孩子做好榜样，以实际行动让孩子明白，人生不总是一帆风顺的，遇到困难挫折的时候要迎难而上，依靠自己的力量去克服。

挫折现象的普遍性决定了榜样的丰富性。首先，父母可以根据自己孩子的性格特点、兴趣专长，寻找各类相关的榜样人物。当然父母自己本身就是孩子最好的榜样，父母在遭受挫折时的表现最容易感染孩子。其次，中外名人战胜挫折的典型范例也是孩子的好榜样，尤其是那些孩子在课本上、电视上或生活中读到、见到、接触过的人物，无论是现实的还是虚幻的。只要能使孩子明白，成长的过程就是不断克服困难战胜挫折的过程，就有仿效的作用。历史上有成就的科学家，以及在其他各类事业上做出较大贡献的人，都是意志坚强、能经受住挫折考验的人。这些榜样在经受失败的挫折所作出的努力，均值得孩子仿效。此外，孩子的同龄人尤其是孩子周围的人战胜挫折的事例，更是不可多得的榜样力量。

当孩子能自觉地用这类榜样人物的生活作为测量自己行为的尺度时，其挫折就会成为新的努力的起点，这样的挫折教育最有实际意义。

## ❧ 向孩子"示弱"，也是一种智慧 ❧

刘女士有个从小到大如影随形的恐惧，那就是害怕虫子，考虑到5岁的儿子桐桐去农村老家时也有点儿怕虫子，一开始的时候，她也希望自己能掩饰这种恐惧，可是发现这样做很难。

有一次给儿子读书时，一不小心翻到一个带大青虫的页面，竟然惊叫着把书一扔老远，原以为儿子也会被吓着，却没想小家伙被妈妈惊恐的样子逗乐了，捡起书来后，一会儿得意地哈哈大笑，一会儿安慰妈妈不要害怕。结果，妈妈的恐惧没有被治好，"虫子"事件却成为儿子不怕虫子的转折点。从那以后，再看到虫子的时候，桐桐就会恶作剧地拿来吓唬妈妈，或者懂事地保护妈妈，当然，他对虫子的恐惧，也就荡然无存了。

亲子关系中，父母往往习惯了扮演权威、强大的角色，保护孩子的安全、引导孩子的成长、为孩子的行为界限"建章立制"等，其出发点则是为了更好地爱孩子，并做好父母的角色示范。然而，"强父母、弱小孩"的亲子互动模式在给孩子安全感、为他们成长助力的同时，也很容易令孩子积累一些弱小感，削弱孩子独立面对这个世界的力量，这些消极的自我体验，积累到一定程度，很容易成为自卑、负性情绪的来源。

在孩子眼中，父母越强大，他们的依赖性可能越强，懂得向孩子示弱的父母反而成就了孩子的"强大"。父母一定要理解，"示弱"并不是"软弱"，"示弱"也是一种智慧。

## 只有舍得用，孩子才能成大器

晚上，丁丁的妈妈满脸疲惫地回来了，今天公司为了迎接上级的检查，布置下来很多任务，以至于午饭都没有吃。一进门见丁丁在客厅玩玩具，丁丁的爸爸在厨房里做饭，于是，丁丁的妈妈坐在沙发上，有气无力地对丁丁说："今天妈妈很累，去帮妈妈把拖鞋拿过来好吗？"丁丁玩得正起劲儿，听到妈妈这么说，虽然有点儿不情愿，可是看到妈妈没精神的样子，还是跑到鞋柜前，把妈妈的拖鞋拿了过来。

接着，妈妈又说："儿子，过来，帮妈妈捶捶腿吧！"丁丁说："妈妈，等爸爸做完饭给你捶吧。我还要玩玩具呢！"妈妈装作很伤心地说："儿子，你是小男子汉，应该是妈妈的依靠呀！"丁丁听到这句话立刻跑过来给妈妈捶腿。

这时，爸爸从厨房里端着菜出来，看到这一幕，高兴地说："丁丁表现很不错，以后有你照顾妈妈，我出差就放心了。"丁丁得意地晃晃小脑袋，小拳头捶得更有劲了。

有人说，如果事情我们都做了，孩子自然就什么都不用做了；如果我们有20%的事情不做，孩子就能完成20%。

生活中我们要学会向孩子示弱。有位妈妈，自己生病了，还要强撑着给孩子做饭、洗衣服，而孩子一边玩游戏，一边抱怨妈妈做的饭不好吃。而同样是生病了，另一位妈妈却明确告诉孩子，现在自己发烧无力，孩子要自己做饭，而且要给妈妈端水送药。结果孩子不但自己做了饭菜，还跑前跑后地照顾妈妈。

"弱小"的父母会把孩子推到困难的面前，让孩子学着去面对、去解决，促使孩子慢慢提高自己的能力，提高应对挫折的能力。

## 示"笨拙"之弱，让孩子更独立

善于偷"懒"的妈妈，更容易养出独立的孩子，那么这个"懒"怎么"偷"法呢？学会示弱有助于解决这个问题。

刘晓上小学第一天，为了培养他对自己学习的责任感，妈妈对他说："妈妈小时候没有整理书包的经验，以后你自己的书包就靠你自己了，妈妈没有能力帮你。"刘晓一听妈妈搞不定，就很自然地接受了挑战，上小学以来没用妈妈管过他的书包。

对于一些年龄较大还迟迟不愿独立，凡事依赖父母的孩子，父母要善于示弱，甚至故意犯错，以便唤起孩子对自己的担当意识。比如，对于习惯妈妈帮他整理书包的孩子而言，妈妈可以在整理时故意遗漏一些东西，让孩子次日上课时发现依赖妈妈带来的不便，在这个基础上，父母再提出孩子自己来整理的要求，一旦孩子"就范"，就及时鼓励孩子的进步，以此类推，逐个击破孩子依赖性较强的行为。

父母借助孩子渴求独立的心理，适当地向孩子示弱，给孩子一定的自主权，激发孩子的雄心和信心，对孩子的成长更有利。

## ❄ 培养"逆商"，人生必修课 ❄

饶雪漫的小说《离歌》中，有一个非常优秀的男孩子，名字叫毛北。他深得父母宠爱，从小学到高中成绩一直名列前茅。高考前夕他发誓："我毛北将来一定要考入北大，离开这里！"

高考语文考试前因为有点儿感冒，毛北起床稍微晚了一些，匆匆赶往考场后却发现忘记带准考证了。他当即就慌了，大汗淋漓，连忙跑回家拿准考证，再回来已迟到半个小时，无法再入考场了。

他一路痛哭回家，将自己锁在卧室里，接下来的几场考试，毛北都拒绝参加："都丢了一整门的分数了，还考什么考！"高考结束的当天晚上，毛北从卧室阳台上跳了下去，留下遗书："我是个失败者。"

挫折是每个人都会经历的考验，没有谁的人生是一帆风顺的，困难总会不期而至，如果你不能战胜它，就无法成为生活的强者，从而深陷人生的低谷停滞不前，甚至被它无情地彻底碾碎。如同小说人物中的毛北，不但轻易地被挫折打败，甚至付出了生命的代价。

俞敏洪曾表示，父母给孩子传递逆商，比要求他考好大学要重要得多。因为孩子的命运是由多层因素组成的，想清楚了这一点，你就会关注到，你的孩子有没有逆商，能不能承受住打击，打击以后还能不能保持对生活的热情更重要。

"逆商"一般指挫折商或逆境商，它是指人们面对逆境时的反应方式，即面对挫折、摆脱困境和超越困难的能力。心理学家认为，一个人的成功必须具备高智商、高情商和高逆商这三个因素。在智商跟别人相差不大的情况下，逆商对一个人的事业成功起着决定性的作用。

巴尔扎克说过："苦难对于天才是垫脚石，对于能干的人是一笔财富，对于弱者则是一个万丈深渊。"面对逆境，如果选择放弃，也就是选择了失败。在人生的旅途中，一些人虽然也曾经努力过，但收效甚微。因为他们在前进的旅途中遭遇了困难，选择了放弃。对于孩子来说，没有什么比半途而废的放弃和丧失希望对未来威胁更大的了，放弃和丧失希望不仅不能解决现实存在的问题，而且还会让人在未来陷入更大的困境之中。

许多成功者正是在逆境、困难的磨炼中成长起来的。近年来，"逆商"教育也越来越引起家长的关注。在一些发达国家，由于物质生活条件日益优越，就更加重视对下一代人的"逆商"教育、如在日本，有近800所幼儿园，为增强幼儿体质和耐寒抗病能力，培养吃苦耐劳精神，要求孩子在冬天仍赤裸上身跑步；有的家庭定期让子女吃"饥饿午餐"，品尝父母过去的艰苦生活；有的社团利用假期组织少年儿童背着行李到草原或荒岛生活，锻炼自我保护及求生存的基本能力。在韩国，有些家长冬季让子女在冰窟窿里待一会儿，克服寒冷，考验勇敢品质。这些都属于设置挫折教育情境强制儿童接受挫折训练的情形。

有专家说，100%的成功=20%的智商+80%的情商和逆商。那么，一个人的逆商主要表现在哪些方面呢？保罗·斯托茨归结为四点：

1）控制：风浪来临时，你能否将其有效控制。

2）归因：能否正面挫折，找出失败原因并承担后果。

3）延伸：能否有效控制自己的坏情绪，不让其延伸到生活的方方面面。

4）耐力：有时风浪会持续很长一段时间，能否坚持下去。

生活中，培养孩子的逆商并非一味地给孩子设置各种困难，爸爸妈妈不妨试试以下几招——

## 用"同理心"面对孩子

每个年龄段的孩子都有不同的困难和挫折，他所面临的逆境在成人面前也许根本不值一提，但对于孩子却是莫大的打击，父母要用和孩子一样的心理去看待这件事。比如孩子养了许久的宠物突然丢失或死亡，对于孩子来说是无法接受的，父母和他一起悲伤的同时要告诉孩子生命的规律，帮他从悲伤中走出来，切忌嘲笑和不屑一顾。

## 从游泳中学游泳

儿童教育的特点是必须符合简单、具体、直观、明了、可仿效的原则，切忌讲大道理。"从游泳中学游泳"正是最好的方式。因为儿童理性思维能力较弱，对具体的、直观的、身边的事物容易引发兴趣，触发联想。进行逆商教育如果只对孩子空对空地讲道理、列条条，很难收到实效。必须充分利用新鲜的、现实生活中的、最好是身边发生的挫折事件，不失时机地进行教育。

大体来说，现实生活中发生的这两类挫折事件，都是最好的教材。第一类是自然环境方面给予人类的挫折。台风、暴雨、地震，这些自然灾害时常在威胁着人类的安全。在自然灾害面前，人的力量显得极其渺小和苍白。但人们在灾害发生时，都在顽强地抗击自然灾害的袭击。父母可及时对孩子进行有益的挫折教育，比如让孩子看救灾的影片或电视报道，启发孩子假想自己遭遇这种情境时会如何做，使孩子对自然灾害的挫折有承受的心理准备。第二类是社会环境方面给予人们的挫折。由于社会条件的某些限制，人的某些需要和动机可能无法实现。如果对此准备不足，就可能导致心理失衡。比如想参加学校的篮球队而未能入选，想进某所重点中学结果因为考砸了分数未能过线，以及高考落榜等。无论是自己的经历或别人的遭遇，都是实施挫折教育的好时机。

人生是一场马拉松，比起赢在起跑线上，让孩子顺利走完一生更重要，因此对孩子逆商的培养必不可少。对待逆境，逆商高的人总有自己的解决方法，不断调整自己前进的方向，寻找更合适自己的道路，愿每个妈妈都能培养出高逆商的孩子，愿更多孩子能在逆境面前保持一种生命激情，勇往直前。

## ❀ 教育男孩懂得坚持的力量 ❀

8岁的蒙蒙最近让妈妈大伤脑筋，因为他做事情从来都是虎头蛇尾、马马虎虎，连吃一顿饭的工夫都不能坐在桌前耐心吃完，吃到一半就跑到一边玩去了。他学钢琴学了两个月，觉得太难，放弃了。学画画学了半年，又看见同学打架子鼓挺好玩，改学架子鼓去了。妈妈觉得他做什么事情都只有三分钟热度，爸爸却觉得孩子还小，这种情况很正常。

在日常生活中，不少男孩做事情虎头蛇尾，刚开始时认认真真，时间稍长就不能坚持，做不到有始有终，让家长大伤脑筋。

家长为之伤脑筋不无道理，因为孩子坚持性的发展不仅可以促进其健康人格的养成，而且可以发展他的认知能力。拥有良好坚持性的孩子更容易成长为一个独立自主、有毅力、有恒心、自信、乐观、社会适应能力强的人。

随着孩子年龄逐渐增长，认识能力的提高，自我控制能力的加强，坚持性也会得到发展，即坚持性是随着年龄的增长而自然发展的过程。但我们在日常生活中也常常看到：不少成年人做事依然浮躁，缺乏持久性，往往半途而废。因此，坚持性又是需要培养的。

只要有恒心，铁棒磨成针。自古以来，坚持是很多成功人士成功的法宝。做事半途而废、三分钟热度是每个人成长路上最大的绊脚石。如何培养孩子在成长过程中养成坚持到底的好习惯呢？

## 给孩子的任务难度要适当

有些心急的家长恨不得让孩子一口吃成个胖子，往往一下子给孩子布置任务太多太难。然而，这样只会让孩子望而生畏，产生对抗情绪或者干脆没做就放弃了。对于一些难度较大的任务，建议家长可以分解成一个个小目标。家长把做完的任务点评一下，给孩子一点儿鼓励，孩子往往就乐于继续接受新的任务。

## 父母以身作则，要有坚持性

父母做事的态度很大程度上影响着孩子做事的态度。一个三天打鱼两天晒网的家长很难培养出有恒心的孩子。父母的监督也是很重要的，如果父母今天要求孩子学习绘画半个小时，明天自己忘了没有要求孩子练习绘画，后天又有什么事给耽误了而不管孩子当天有没有练习，这样培养孩子的坚持性就会变成一句空话。

## 对孩子提要求的语气要坚定

给孩子提要求时，父母要让孩子知道这是一件重要的事情，不可以随随便便对待，但也不可总在孩子身边不停地唠叨，甚至训斥打骂孩子。

培养孩子的坚持性是个需要耐心教导的过程。鼓励孩子持之以恒地把生活中的点点滴滴做好，把小事做好，孩子慢慢就会懂得坚持的重要性。

学会做人，受益终生

08

教育孩子好好做人，是家庭教育最重要、最根本的任务。因为做人是根本，德行是根本，好好做人是第一要务。

教育孩子好好做人，是家庭教育最重要、最根本的任务。世界十大首富之一、香港首富李嘉诚教育出了两个优秀的儿子，他说："在儿子小的时候，99%的教育是教给他们做人的道理，即使他们现在长大了，三分之二的教育也应该是教他们如何做人，三分之一的教育是教他们如何做生意。因为，做人是根本，德行是根本，好好做人是第一要务。"智慧的家长要引导孩子学会做人，因为这会让他终生受益。

## ❧ 培养孩子的感恩心 ❧

有一天放学后下起了大雨，某小学门口，一位妈妈穿着雨披骑着电动车赶过来，来到学校门口她撑起伞匆忙去接自己的儿子，她的儿子在校门口对着她喊："你白痴啊！现在才来！"那位妈妈竟然向儿子道歉说："对不起！对不起！我来晚了。"

有人说，世界上最难的职业就是妈妈。然而对于很多孩子来说，即便妈妈为自己付出再多，他却浑然不觉，没有感恩心。如案例中所讲，妈妈冒着大雨来接儿子放学，儿子丝毫没有注意到妈妈被雨淋湿的衣服，却因妈妈来晚了张口就骂"白痴"，更令人不解的是，这位妈妈也对儿子的言行不加干预，长此以往，恐怕妈妈付出再多，在儿子眼里也如同空气。

当父母对自己的孩子付出无尽的爱的同时，收获的却是孩子的冷漠和自私，每一位父母都会感到既吃惊又心寒：为什么我的孩子会变成这样？其实，培养孩子的感恩心也要从小做起。家庭中的感恩教育并非只是教会孩子感恩父母这么简单。

"滴水之恩，当以涌泉相报。""投我以木桃，报之以琼瑶。"感恩，是中华民族的优良传统，家长要站在培养一个具有完整人格的社会人的角度来教育孩子。那么，培养孩子的感恩心应该从哪些方面着手呢？

## 不要"有求必应"，更不要"无求先应"

有一个乞丐到一户人家乞讨，主人家给了十块钱，第二天乞丐又去，那个人又给了十块钱，就这样，持续了两年。两年后的一天，那个人只给了五块钱，十天后，乞丐终于忍不住问："你以前给十块，怎么现在只给五块啦？"

男子："因为我结婚啦。"

乞丐顿时大怒，啪的一巴掌打过去："无耻啊，你竟然拿我的钱去养你老婆？"

虽然这只是一则小故事，却发人深思。很多孩子生活在优越的家庭条件中，享受父母给予的一切已成习惯，觉得一切都是理所当然，这个过程其实正一点点地抹杀孩子的感恩的心。

父母对孩子的爱都是无私的，然而，如果无论对孩子有着多重的爱，也不要孩子想星星就一定给他星星，想月亮就一定给他月亮，应该让孩子自己去争取自己需要的东西。不要让孩子所有的东西都来得太容易。

孩子提出的要求，父母应先思考一下是否合理，如果不合理，则坚决拒绝，并且要告诉孩子为什么不合理，给孩子一些经受挫折的机会。当孩子通过一些努力获得所需的时候，他才会知道在父母的爱和保护下是幸福的。同时，父母也不要预先对孩子承诺太多。有些父母总想为孩子提供最好的生活条件，生活中面面俱到，时间长了，孩子会觉得这一切来得都很容易，甚至认为他本来就应该拥有，于是不懂得珍惜和感恩。

## 言传身教，父母要为孩子做出榜样

父母的每一个行为都是孩子心中的种子，都会成为孩子成长的基因，影响孩子的发展。父母很多琐碎的言行都会在孩子心中树立感恩的榜样。如果家中有老人，有好吃的要先给老人吃，逢年过节给老人送礼物；如果老人离得较远，应该经常给老人打打电话。要让孩子看到父母不仅对自己有爱，对长辈也有爱。身教的力量远远大于言教。

### 懂得向孩子示弱和索取

41岁时，她带着两个儿子和一个女儿，离开上海，去了以色列，开始在那里艰难谋生。为了能养家糊口，她想到做中国的传统美食春卷，然后卖给当地人吃，每个春卷能赚七毛钱。

然而，和面、包皮、煎炸，然后站在寒风凛冽的街头兜售，一切都是第一次，对她来说都是挑战。她跟三个孩子说，现在我们的处境很糟糕，你们看该怎么办，才有可能走出这个困境？三个孩子，虽然其中最大的也才12岁，因为母亲的信任和求助，没有游离于困境之外，而是积极与母亲同舟共济，一同参与到卖春卷的生意中，用稚嫩的小手帮着妈妈的大手迎战生活。

为了让孩子们从小树立自立自强的品格，她从没有向邻居借过一滴油、一勺盐、一粒米和一颗糖，家里的东西用完了，一家人没得吃，就饿一餐。

等两个儿子都当完兵后，她把三个孩子叫到跟前，说，现在你们要承诺在几年后每人送一样东西给我，而且是能放在我手上的。孩子们都很聪明，知道母亲的言外之意。大儿子说，我会放一把房门钥匙；二儿子说，我会放一把车钥匙；小女儿说，我还赚不了大钱，我会放一把首饰盒的钥匙。

为了兑现对母亲的承诺，几个孩子开始拼命地努力，几年后，在以色列钻石交易所上班的大儿子给她买了一块劳力士金表，并在上海浦东给她买了一套288平方米的房子；而自己开了一家跨国公司的二儿子则给她买了一辆豪华汽车；还在读大学的小女儿，则靠着自己课余打工为她送上一串首饰。

她，就是犹太后裔沙拉女士，一个有着犹太血统的中国妈妈！1991年，41岁的沙拉去了以色列，作为第一个从中国去以色列的犹太移民，她的自立自强，被看成是中国女性的典范，以色列的各大报纸电视都争相报道。

当她重回中国时，许多媒体则对她的教子方式有着浓厚的兴趣，都想一问其中的秘诀，而她的回答却是："没有秘诀，因为我懂得在孩子面前示弱和索要！"沙拉说，中国父母给予孩子的爱，不是太少了，而是太多了，不忍心让他们从小体验生活的艰难，也不懂得在适当时向他们索要，因此最终导致子女一辈子艰难，一辈子朝父母索要！

如同沙拉女士所说，中国的父母即便生活得再怎么艰辛，也很少会在孩子面前表现出来，他们习惯了给孩子一些超脱的环境，怕艰难的现实生活会给孩子带来压力。其实，父母完全可以适时地告诉孩子一些生活中遇到的难处，并告诉孩子希望他们可以用自己的方式分担，父母需要他们，让孩子学会在体谅和感恩中渐渐长大。

感恩是一种生活态度，是一种美德。对于孩子来说，感恩意识绝不是简单回报父母的养育之恩，它更是一种责任意识、自立意识、自尊意识和健全人格的体现。父母应该担负起自己的责任，适时、适当地对孩子进行感恩教育。

# ❀ 潜移默化，培养孩子的同理心 ❀

一个小女孩坐在公园的椅子上哭泣，她养的小狗走丢了。牛牛看到此情此景，跑过去看个究竟，他来到女孩身边，静静地坐在那里。奇怪的事情发生了，女孩一下子就觉得好了很多，情绪也稳定下来。后来，男孩的妈妈问他对女孩说了些什么，牛牛答道："我什么都没说，只是陪她哭泣。"

在看到小伙伴不开心时，许多仅两三岁大的幼儿也会做出安慰他人的举动：他可能会把自己的食物、玩具放在小伙伴的手中，并且用肢体语言来表示他的关心。

这些孩子身上所体现出的就是"同理心"——一种能够设身处地地理解他人感受，并做出相应情绪反应的能力。美国心理学家亚瑟·乔拉米卡利认为："同理心让我们保持弹性，远离偏见，以敞开的心灵和想法去处理人际关系。"

其实，同理心并非与生俱来，而是父母与孩子从最初的互动开始，不断刺激孩子去了解与关怀他们周遭的人、事物以及生活的社区和世界的过程中慢慢建立起来的。那么，作为妈妈，应该如何培养孩子的同理心？

## 理解、接纳孩子的情绪和感受

涛涛从小就害怕打针，每次去打针时都会紧张得哭起来，妈妈会说："这有什么好怕的？勇敢一点儿。"有一次，涛涛的玩具被邻居家小伙伴抢走了，涛涛很愤怒，尖叫着去夺了过来，妈妈赶紧过来，说："不许闹！你怎么那么小气？这点儿小事情就这么生气啊？要懂得分享，给他玩一下有什么大不了的？"然后不由分说地把玩具拿给了邻居家的小伙伴。有时候涛涛从学校回来，闷闷不乐，妈妈会说："别板着个脸，开心一点儿啊！"

如果一个人不清楚自己的感受，他同样无法觉察到别人的感受。所以，让孩子认识自己的感受是获得同理心的前提。那么如何帮助孩子认识自己的感受？答案是：待孩子以同理心。

孩子出现正面感受，比如快乐、平静的时候，父母总是很接纳，但孩子出现负面情绪比如愤怒、害怕、焦虑的时候，有些父母则难以接纳，他们通常会否认、禁止或忽略孩子的负面感受，就像案例中的这位妈妈，看起来是在把儿子往正面情绪里引导，实际上压根就不肯正视孩子的负面感受。

若真实感受长期被否认、禁止和忽略，孩子可能会认为，负面感受是不应该有的，从而不能识别自己的感受，也不愿意接纳自己的负面感受。具体体现是，随着年龄的增长，这些孩子在生活中遇到一些挫折、困难或者矛盾时，仅仅知道自己心里不舒服，但说不出来具体是怎样的感受，是沮丧，失望，愤怒？还是恐惧？说不上来。另外，他们当中许多人不能接纳自己的负面感受，会压抑和拒绝自己的负面感受，也可能会禁止和忽略他人的负面感受。

当孩子出现负面感受时，父母要待孩子以同理心，站在孩子的角度去感受他的感受，不一定认同他的思维，但是可以理解和接纳他的感受。当孩子能够被父母待以同理心，那么孩子就能逐渐学会认识自己的感受，接纳和理解别人的情绪。

## 换位思考，引导孩子去注意别人的感受

父母常常引导孩子去注意自己的行为给别人带来什么样的感受，是培养孩子同理心的有效方式。

当孩子有不恰当的行为时，需要将你的感受告诉他，而不是仅仅告诉他，他有多么淘气或不礼貌。同样，当孩子冒犯别人，让别人不舒服的时候，也要引导他去注意他的行为给别人带来的麻烦，别人是什么样的感受。比如，告诉那个踩地板咚咚响的男孩：你踩得那么响，楼下的邻居阿姨很生气。

当然，孩子的行为给你带来正面感受时，也要记得告诉他。如当你躺在床上休息，儿子拿来毯子给你盖上，记得对他说："妈妈觉得很温暖很感动，谢谢你。"当你向孩子表达你的正面感受时，孩子就了解到你的正面感受，认识他的哪些行为是令人高兴、感动，被人喜欢的，及时引导他向积极、正面的方向发展，带来更多的好行为。

## 提高情感觉察力

有时候，孩子的语言和其潜藏着的情感并不一致，这需要父母细心地观察，理解其中的隐义。如孩子对爸爸说："听隔壁的明明说，动物园来了一头大象。"其实，孩子并非只是陈述这样一个事实，他其实很想让爸爸带他去看大象，只是不敢说或不好意思直说罢了。有共情能力的爸爸会说："宝贝儿，你是不是想让爸爸带你去看大象呀？"从而让孩子有了表达真实想法的勇气，也学习到了如何去懂别人。

有些父母对孩子情感觉察力不高，可通过一些方法来提高。"猜情感"是一种较有效的方法，如：对电视中或漫画中的人物，根据其表情、姿态，猜猜其内心的想法与感觉，猜测他也许会说的话，也可以到生活的实景中去观察与猜测。在家庭中，可做"感情单词"游戏，即在卡片上写下不同的感情单词，轮流抽出一张，让每个人用身体表演出卡片上的感情，不准说话，其余的人猜正在被表演的感情。在这种训练中，慢慢提高情感的觉察力。

妈妈一定要有耐心去解读孩子的内心，这样不仅能够让自己更敏锐地觉察别人的想法和感觉，有效地引导和教育孩子，而且使孩子的同理心得到培养，学会换位思考，打下人际沟通的基石。

## ❧ 孝心培养，从小事做起 ❧

中华民族素以礼仪之邦著称，孝敬父母、师长和老人，是中华民族几千年来所崇尚和奉行的传统美德。俗话说"百善孝为先"。《孝经》中更明确地指出："孝，德之本也，教之所由生也。"尽孝，绝不单纯是报答父母的养育之恩，同时也是为了锻炼自己的道德情操。

而在现实生活中，孩子们的种种"不孝之举"令人吃惊——

一名小学四年级男生，衣来伸手，饭来张口，连自己的床铺都要母亲来整理。有一天，母亲生病卧床，为了吃饭和铺床休息，这个男同学竟对着生病的母亲大发脾气。

一名六年级的男同学，明知下岗的父亲仅仅靠修理自行车获得微薄的收入，花钱仍然大手大脚，经常向父亲索要零花钱。除了出入游戏机房，他每天放学还要在校门口买上五串羊肉串，吃得满嘴流油。而当疲惫的父亲要他打一盆洗脸水、取一条毛巾时，他却不屑一顾懒得动手。

一名小学五年级女生曾在周记中透露，自从头发花白、年迈的奶奶住进她家之后，她从未主动拿出自己的零食给奶奶吃；而疼爱她的奶奶几次为她买了零食，反被她讥之为"太次""太土"，并把零食扔进了垃圾桶……

上述这些"不孝之举"屡见不鲜，但更让人震惊，让人难以接受的"不孝之举"不时见诸报端，如辱骂父母、虐待老人……父母坐在一起，聊起各自孩子的日常表现，最感失望的往往不是成绩不理想，而是孩子对父母的不理解、不尊重、不孝敬，这几乎成为不少父母的最大忧虑。一位母亲说："我简直难以想象，孩子长大了，对我们的态度会怎么样！"

孩子种种"不孝之举"催人警醒，那么如何培养孩子的孝心呢？靠粗暴打骂还是耳提面命？其实，孝心的培养最应该从生活小事做起——

## 身教重于言教

欣欣妈妈从小就受到父母尊老、孝敬的思想熏陶。每每家里做了好吃的，母亲便会预留一份，让欣欣妈妈给奶奶送去，隔三岔五，父亲会去看望奶奶，送些钱，嘘寒问暖。日久天长，耳濡目染，从小也养成了孝敬长辈的好习惯，不用父母交代，一有空便跑去看望奶奶，送些生活用品，保健品，陪老人聊聊天。

为人母后，她把这种美德传教给孩子。欣欣外婆与他们离得较近，欣欣妈妈经常会带欣欣去看望外婆。有一次，欣欣问他："妈妈，你为什么要去看外婆呀！"面对孩子的疑问，妈妈这样说道："外公外婆很辛苦地养育妈妈长大，现在他们老了，妈妈就应该经常去看望外公外婆，孝敬父母，回报父母的养育之恩。"

这样一说，孩子似乎更能体会，忙接腔说："妈妈，等你老了我也要孝敬你，经常去看你。"

父母的言传身教给孩子的影响很大。有这样一则公益广告：一位刚下班的年轻妈妈，忙完了家务，又端水给老人洗脚，老人对她说："孩子，歇会儿吧！别累坏了身子。"她笑笑说："妈，不累。"

年轻妈妈的言行举止被只有三四岁的儿子看到了，儿子一声不响地端来一盆水。年幼的儿子吃力地端着那盆水，摇摇晃晃地向妈妈走来。盆里的水溅了出来，溅了孩子一身，可孩子仍是一脸的灿烂。把水放在母亲的脚下，说："妈妈，洗脚！"

广告画面定格在这儿，广告语说："父母，孩子最好的老师。"很多时候，孝心就是在父母的榜样下养成的。因此，要想培养孩子的一颗孝心，父母首先要以身作则，要做孝敬长辈的楷模。

### 给孩子表现孝心的机会，并及时鼓励

当孩子能为父母做些力所能及的事情时，父母该放手时就放手，多给孩子表现孝心的机会。在棍棒威逼下是不可能培养出孝心的。孝心，只有在家庭融洽的氛围中，在相互理解的基础上，在爱心的驱使下，慢慢地养成，并逐渐成为一种自觉的行为。一旦孩子表达了孝心，父母应该及时表现出欣慰和满足，必要时还应给予积极的鼓励，让孩子觉得孝心的表达非常值得，非常快乐，非常幸福，孩子若能怀着满腔幸福感一次次地表达孝心，那么，离这一传统美德的最终养成，已经为期不远了。

## ❀ 培养男孩成为懂礼貌的"小绅士" ❀

从小培养男孩成为懂礼貌的"小绅士"是父母义不容辞的责任，而良好的绅士风度会在孩子成长的道路上起到重要作用。作为男孩来说，要想有绅士风度，就要具备良好的教养和礼仪、懂礼貌、尊重女性。当今社会，怎样培养男孩成为懂礼貌的"小绅士"呢？

### 懂礼貌，从生活细节做起

飞飞在小区花园里踢球，邻居妞妞抱着金鱼缸来晒太阳。妞妞说："飞飞，你可小心点儿，别踢着我鱼缸啦。"飞飞说："那你离我远点儿，我可控制不好。"妞妞抱着鱼缸走了。飞飞说："真是小心眼，说一句话就跑了。"

晚上，妈妈请妞妞来做客，教飞飞画画。飞飞马上说："我不答应，我不学。"妞妞说："你怎么态度这么差，我也是好心帮你。"飞飞说："你的好心我不需要。"妞妞生气地说："飞飞，我可是到你家做客来了，你怎么这么凶啊，我不敢招惹你了。"说完就转身走。

飞飞气呼呼地说："妈，我态度就是这样，我又没说什么，看她气成那样。"妈妈说："看来是我太惯你了，你刚才很不礼貌，把妞妞都气走了，一点儿也不像主人的样子。"

礼貌其实表现在一系列的生活细节，只能在点滴中慢慢积累。父母在生活中，只要发现男孩的不礼貌言行，就不要忽略，要找适当的时机进行指正。很多时候，男孩并非出于无礼，而是出于无意，无意中冒犯他人。在他的意识中还没有分清楚，怎样的言行才是得体、有礼貌的。比如案例中的飞飞，在待人接物方面并不清楚得体的言行是什么样的，所以父母就可以抓住每一个机会对孩子进行教育。

小到称谓，大到待人接物，都蕴含着种种礼仪细节。男孩要懂礼貌，尊礼仪，绝非一日之功。父母要做个细心人，只要发觉男孩欠缺什么礼仪，就要及时补上这一课。只有日积月累的功力，男孩才能成长为一名绅士。

## 通过游戏、故事让男孩熟悉礼仪

乐乐的妈妈买了一本故事书，都是讲小朋友如何学习礼仪的。例如：小猪去海龟家做客，它大声喧哗，还翻海龟的抽屉，海龟觉得它太不礼貌，下次不再请他。乐乐听完故事后，马上说："妈妈，我要做一个受主人欢迎的客人，我做客时会乖乖的。"妈妈听后笑了。

妈妈常和他玩角色互换游戏，妈妈扮演主人，他是客人，模仿待客的情景。妈妈请他坐，为他倒茶，还端出了水果，乐乐也礼貌地说"谢谢"，还主动要求帮忙。这些细节，乐乐经常和妈妈玩，已经驾轻就熟了。每次家里来客人，他都是个热情好客的小主人。

良好的礼貌习惯，需要不断地重复练习，游戏和故事是深受男孩喜爱的教育方式。男孩在玩乐中，会慢慢熟悉各种礼貌用语、礼貌言行，这是一举多得的活动。礼貌要成为一种习惯，需要不断地重复记忆、练习。对于年龄小的孩子，不容易接受种种关于礼仪的说教，若通过故事和游戏，能让男孩与礼貌靠得更近，学得更快。

## 巧妙指正男孩的过错

晓晓8岁，他的成绩不错，是班上的尖子生，妈妈觉得脸上很有光。他在家里，谁都不想委屈他，总会把最好的那一份给他。他大大咧咧很自我，妈妈也没放在心上。

前几天，妈妈带他去参加同学的生日晚宴。他一会儿坐着，一会儿跪着，一会儿又站着，整个人特别不安分。妈妈看他站没站相，坐没坐相，很想说他但又忍住了。等龙虾上来时，晓晓的眼前亮了，马上整盘端到自己面前。

妈妈觉得很丢脸，大家忙说"没关系，没关系"。妈妈决定，晚上一定要给晓晓上上礼貌课，现在先给他留点儿面子。

男孩在礼节方面犯了错误，是生活中常有的事。男孩与他人交往，有了不礼貌的言行，父母不要当场训骂，要保护男孩的自尊心，私下再进行指正，男孩会更感激。父母若发觉男孩不懂礼貌，要接受他的错误，分析问题的原因所在，然后私下里进行指正。

绅士品格包含很多内在的品德，它是一种从内散发至外的魅力，更多的是一种习惯的养成，一种教养的形成。所以说，在很多小事情上，父母都应该努力地帮助孩子坚持好的习惯，让他把这些绅士风度变成一种习惯。

## ❋ 教儿子学会信守承诺 ❋

信守承诺，是很多家长都想教给孩子的基本品质和行为准则，因为家长都知道一个人能否信守承诺对于他们自身的发展是很重要的，但是不得不承认很多时候我们的教育效果总是收效甚微。怎么才能培养出孩子信守承诺的好习惯呢？

### 以身作则，家长要言而有信

丁丁最近正在跟着老师学钢琴，他向妈妈提出希望妈妈也和他一起学钢琴。为了给儿子壮个胆，妈妈一口就答应了下来。没想到陪着儿子学了一个月后，妈妈发现自己不太喜欢，也没有时间，常常爽约。开始她还找点儿理由，说工作忙或是头疼脑热身体不舒服，后来干脆连理由也不找就不学了。

儿子倒是还在学，不过常常会说："妈妈一点儿也没坚持性，说话不算话！"妈妈反而会回他一句："学琴是你自己的事情，把妈妈扯进去干吗？妈妈又要上班，又要忙家务给你做饭，哪有时间学啊！"

家长是孩子的启蒙老师，也是对孩子影响最大的人。同样，孩子说话不算数有时候也是受到了家长的负面影响。有时候，家长无意间给了孩子一个承诺，却没有去履行，可能家长并不是很在意，可孩子却牢牢地记住了这件事，并且开始效仿，久而久之，孩子就会养成说话不算数的坏习惯。案例中的这位妈妈明明知道工作家务是生活常态，不是承诺和孩子一起学琴后才出现的新情况，为什么起初不多想想就那么轻易答应呢？一不小心就在儿子心中树立了说话不算数的形象，以后怎么能再要求儿子事事都要说话算数呢？

为了教儿子学会信守承诺，家长应该从自身做起，让孩子学会言而有信，不要随便给孩子承诺，特别是那些很难实现的事情，这样能从根本上减少自己在孩子面前失信的可能性。同时，答应孩子的事情，都要尽量去实现。不管有多么困难，或是多么微不足道的事，对孩子都能产生最直接的影响。

## 对孩子不守信的惩罚要切合实际

一个十六七岁的孩子，去参加了一场周末派对，回家时比答应父母的时间晚了两个小时，到家之前也没跟父母致电告知晚归的情况和原因。可以想象，当孩子用钥匙打开家门后，要面对的肯定是等孩子等得焦头烂额的父母。

父母事先情绪激动地诉说自己是多么提心吊胆的焦虑，怕孩子出什么意外；接着，指责孩子是多么不懂事也不告知家人晚归的情况害父母操心；最后，气头上放下狠话："以后再也不许你出去玩了！"

谁都知道说出"以后再也不许怎么样"的父母其实对此完全没有监控和执行力，所以这几个字是带有恐吓性质的空话。而孩子下次要去派对的做法基本上是会隐瞒或撒谎了。"爸爸，我去同学家做作业。晚点儿回来。""妈妈，我周末和几个同学去郊游，要在外面住一晚。"……这样的台词和与同学串通的"密谋"从此开始不断上演。

专家建议父母和孩子可以采取谈判的方式来讨论对承诺的遵守，运行模式、奖惩方式要合情合理，以这种方式确立出来的新准则是理性和实际操作监督力很强的，双方都容易遵守，而父母和孩子间行为和信任的透明度也很高。

# ❀ 培养儿子的是非观 ❀

对于是非的认定，所有的人都是在成长的过程中逐渐形成的认知，这个过程很漫长且始终伴随我们左右。而且对于同一件事物的是非判定，我们也在不断地修正完善，这个过程可能是伴随我们终生的。因此树立一个正确的是非判断观念是很有必要的，尤其对于孩子的教育来说，它可能就是影响孩子成年后一些重大事物判定的决策根基。

作为家长，我们应该把正确的是非观念灌输给孩子，引导和启发孩子去思考和探究事情的对与错、好与坏、美与丑，知道什么是该做的，什么是不该做的；应该做的就努力去做，不应该做的坚决不做。

## 父母是孩子的镜子，要为孩子做好表率

一天，幼儿园放学了，同学们很快都被家里的人接走，只有浩浩还在班级焦急地转来转去，原来他的妈妈还没有来接他。过了一会儿，下班后的妈妈慌慌张张地走了进来，一进门就跟老师连连地道歉，因为车子坏在了半路才来晚的。

就在这时，浩浩却飞奔过来对着妈妈乱打起来，这一连串动作让老师很惊讶，老师很生气，拉住了浩浩，跟他说这样做是非常不对的事，并让他跟妈妈道歉。浩浩的妈妈却笑着说："没关系，不疼的，是我来晚了的原因。"

小孩子要要脾气原本无可厚非。妈妈出于对儿子的疼爱有时候不分青红皂白，也会时时刻刻护着孩子。但是出于老师的职责，在场的老师必须告诉浩浩哪些事是对的，哪些事是错的，是我们万万不应该做的。最终，在老师的教导下浩浩认识到了他的错误。

孩子不怕犯错，怕就怕错了而没有人去纠正，那么最终他会在错的道路上越走越远的。

教给孩子懂得是非观念，最好的方法是父母自己要做出表率。孩子就像海绵一样，什么都能吸收。即使父母自己意识不到，他们也总在观察效仿——父母在做什么，怎么做的，甚至做的频率是多少。以身作则是教孩子分辨是非的最好的方法。父母的生活方式和理念无时无刻不在影响孩子，所以父母要及时修正自己的是非观，教会孩子学会辨别是非。

## 当是非观有分歧，要不断修正

有一次当当准备去拿一个篮球到小区广场里玩。他刚跑到广场上，班里其他几个小朋友凑了过来。其中有个小朋友上来就抢了篮球玩了起来，当当生气地哭了起来："那是我的篮球，你为什么玩我的球不跟我说一声呢？"

孩子内心中判断一件事是否正确不仅仅取决于家庭告知，有时候也受到社会群体影响。但是有些事是其他人都说这样的，而父母却说那样，还有一些事是父母肯定的，走向社会又不被认可。这时候孩子会怎么判断呢？家长又该如何？

现在许多家长的教育重心都放在孩子的学习上，只要孩子学习好，孩子其他的问题都不重要，如是非观念、道德感及责任心等并不为一些家长所重视。孩子道德行为的形成，关键是对是非、好坏和善恶的认识、辨别，孩子有了这方面的辨别能力，他们良好的道德品质的行成就有了基础。道德乃人生之基，所以家长应把培养孩子的良好道德放在首位。

当孩子出现危险动作或妨害别人时，却少见家长出面制止，家长的纵容、漠视，孩子错以为那些行为是被允许的，久而久之，孩子少了安全观念、自律意识，无法辨别是非对错，不知尊重别人的重要，等到意外发生时，父母捶胸顿足伤心欲绝，却为时晚矣。其实，每个孩子本性善良，可塑性极强，家长应帮助孩子，从小就建立正确的观念与行为习惯。不要误以为孩子年纪还小没关系，长大再教，等到孩子养成不良习惯，积重难返，再想亡羊补牢，有时却已来不及了。

## ❧ 教儿子学会担当 ❧

班斯腾·班生说："一个人越敢于担当大任，他的意气就越风发。"

家长应该认识到，培养孩子的担当意识是要胜于单纯的知识学习或能力培养的。生活中，家长应该如何教儿子学会担当呢？

### 给予孩子信任

信任是这个世界上最神奇的语言，因为它给予对方的是来自内心深处的心理感应，获得此种感应，人的潜力会获得瞬间的爆发，甚至是长久的保持。任何人都是巨大的矿山，开采的程度如何不但来自自身的努力，更重要的来自外界的正确评估。

当我们以信任的眼光看待一个孩子时，目光中充满的是激励、肯定和厚爱，孩子那颗敏感的心，会感受到这种珍贵的信任，并以实际行动验证外界给予他的支持。而类似此种任务的安排，确立的不仅是其作为独立的生命个体的尊严。

### 让孩子参与到家庭决策中来

也许大部分的父母会说：让孩子参与家庭决策？小孩又不懂事，只会添乱，再说男孩太小，接触这些大人的事情是不是有点过早呢，其实这么想父母就错了，相反，孩子会非常乐意地接下这个差事。

正是因为长期参与家庭决策和管理，孩子在家里也有了平等的话语权，所以，孩子在学校里也会是有一些自己的想法、见解和很强的责任心。社会心理学家约翰·迪法兰和尼克·史汀曾询问过100名儿童："你认为怎么样才算是一个快乐的家庭？"出乎意料的是，孩子们列出的不是金钱，不是大房子，也不是大屏幕电视机，最多的回答是："与家人一起做一些事。"曾经有人做过调查，凡是不顾父母经济承受能力无止境地追求吃喝玩乐的孩子，都生活在过于传统或专制的家庭，父母不跟孩子算细账，孩子也不知道家庭收入的情况，所以花钱肆无忌惮，丝毫不考虑父母的感受；那些唯唯诺诺没有主见的人，大多数小时候在家庭中都没有参与当家的权利，而习惯了被使唤的奴性。

所以，对于男孩来说，家庭参与意识非常重要，及时培养他们的这一习惯对将来的发展有很大的影响。当我们的孩子可以做一点儿事情的时候，就要放下顾忌或不放心，给他们一个舞台。从做家务开始，刷碗、扫地、做饭……，科学研究证明，做家务的孩子有更多的潜力，因为细微处的承担，可以让孩子在未来的岁月中自觉地做好本职工作。

## ❀ 用行动播撒爱心，让儿子更"富有" ❀

爱心是美德的基础，也是美的最直接的表现。

爱心这个词不仅让人联想到许多善行，而且它还能帮助人们互相学习，取人之长，补己之短，爱心使人与人之间互助互爱。一个孤立的人是难以达到目标的，正是爱心把人与人联系起来，才有了相互之间的沟通与合作。从古至今，爱心都被认为是一个人的基本道德和社会的灵魂。

孩子的心是很柔软的，稍不注意就会被岁月磨得粗糙而坚硬，父母要对孩子晓之以理，动之以情，从小事上不失时机地培养和保护孩子善良的心。

正如苏霍姆林斯基所说的："只有当孩子不是从理智上，而是从内心里体会到别人的痛苦时，我们才能心安理得地说我们在他们身上培养出了最重要的品质，那就是人们的爱。"父母可以通过各种教育手段激发儿童产生积极的心理，使他们从小就能对符合社会道德的助人帮困行为产生愉快自豪并向往的情绪体验。

一个男孩父母早逝，他与妹妹相依为命，妹妹就是他唯一的亲人，所以这个小男孩爱妹妹胜过爱自己。然而灾难再一次降临，不幸的妹妹染上了重病，需要输血。但医院的血液太昂贵了，男孩根本没有钱支付任何费用，尽管医院已经免去了手术费，但不输血的话，妹妹就会死去。

男孩的血型和妹妹完全相符。当医生问男孩是否勇敢，是否有勇气承受抽血时的疼痛时，男孩开始犹豫了。这个10岁的孩子经过一番思考，终于点了点头。

抽血的时候，男孩安静地没有发出一丝声响，只是向着病床上的妹妹微笑。抽血完毕后，男孩颤抖着问道："医生，我还能活多长时间？"

医生正想笑男孩的无知，但转瞬间就被男孩的勇敢震撼了：在这个10岁的孩子的心目中，他认为输血会失去生命，但他仍然把血输给了妹妹。在那一瞬间，男孩所做出的决定是多么勇敢，他甚至下定了死亡的决心！

医生紧握着男孩的手，感动地说："放心吧，你不会死的，输血不会丢掉生命。"

男孩眼中放出了光彩："真的？那我还能活多少年？"

爱心的产生，是基于个体的社会性情感需要，它不是人与生俱来的品质，而是在后天的环境和教育的熏陶下逐渐形成的习惯性心理倾向，最好在童年时细心培养。

## 做孩子的爱心榜样

榜样的力量是无穷的，也是最有效的。父母的行为举止，都会给孩子留下深刻的印象。要想自己的孩子有爱心，父母就应该率先做出有爱心的行动，言传身教无疑是最具有说服力的教育方法。

平时在家里，如果父母把给长辈倒茶、盛饭、搬凳子视为必做之事，逢年过节以孝为先，给长辈买东西、送礼物，还请孩子参谋该送什么礼物……如果父母做到了关心孩子，对孩子说话总是温和、体贴，还常常与孩子进行情感的交流，给孩子适当的鼓励和表扬，让孩子直接感受到父母对自己的爱……如果父母做到了夫妻间互相关心，互相帮助，在给孩子买礼物的同时，总不忘给爱人也买一份，吃东西时不忘提醒孩子给妈妈或爸爸也留一份……如果父母平时做了这些，相信孩子也会耳濡目染，从而学会关爱他人，关爱社会。

爱是一种后天强化的行为，只有父母提供了榜样，孩子才会去模仿，进而转化为自发的行为。因此，父母更要以身作则，在对孩子进行爱心教育的同时，用自己的行为来教育孩子，起到示范的作用，在家庭中营造爱的氛围，感染孩子的心灵。

## ❈ 教导男孩学会合作 ❈

现代社会是个充满竞争的社会，在竞争的同时，更加要求合作，如果没有合作，很多事情都将无法完成。在日常生活中，合作的机会和事例屡见不鲜，而且很多父母也开始重视和强调通过教育促进孩子认识合作的必要性。在共同学习、集体活动中，孩子不断地学习并体验怎样才能有效地达到共同目标。所以，父母从小就要强化孩子的合作意识，培养孩子的团队精神，这样才能在将来更好地融入社会。

心理学家罗杰斯非常强调合作对个体成长的意义。他指出，合作有利于人际交往，不仅能交流彼此的思想，还可以分享许多深层的情感、内心的感受。

合作的精神不仅包括分工合作，还体现在接纳、尊重、团结友爱的精神。因此家长要意识到培养孩子的合作精神不仅仅是因为社会竞争和分工需要，还应该意识到合作是一种美德，是一种优良的个性品质，它不是孤立存在的，而是一个身心健全的人的基本素养。人与人通过沟通与合作相互启迪，丰富彼此人生，满足自我实现的需要。那么，日常生活中应该怎样培养孩子的合作精神呢？

## 说话的语气和态度，是赢得孩子合作的重要因素

妈妈给两个孩子分配家务活，每个人早上要铺好自己的床。每一天，为了让他们做好自己的分内的事，妈妈都是先提醒再责骂，最后是大吼大叫和惩罚。她经常对孩子说的话就是："你们最好合作，否则有你们好看。"

很明显，妈妈这句话的意思是："你们要做我让你们做的事，否则有你们好看。"她强制决定每个孩子应做的事，并且"让"他们去做。孩子就会对这种压力进行反抗；与此同时，正是这种强制的方式刺激了叛逆和挑战。

妈妈分配家务活的态度摆明了她是老板，而孩子的反应则是"来，看看你逼迫我会发生什么"的态度。这就成了权力之争，这不是合作。妈妈是在把自己的意愿强加给孩子，而不是赢得他们的合作，以促成全家共同担负生活的责任。

当我们说训练孩子合作时，我们自己需要率先有合作的态度，这个合作，不是妥协，而是心里有这样的想法：我要跟大家一起，和谐地朝着共

同的目标努力。

而且生活中，父母不要浪费能让孩子出份力的机会。如果孩子很小就得到允许可以出力——不是被要求，而是被允许——他就能体会到其中的乐趣，为自己的小小的成就而自豪。

很多时候，父母应该能够觉察到，孩子之所以并不执行要求，很多时候是提出要求的方式和语气不对。所以，好好说话真得很重要。

『正念教育』，教孩子活在当下

09

"正念教育"，强调集中注意力，通过调整呼吸、冥想、静观等形式，让孩子放松身心，使他们对内心想法、感观、情感和周围环境更加敏锐。

为人父母是份不需要门槛的自然"职业"，可是，随着孩子的日益成长，我们会发现这份"职业"相当不轻松。很多父母经常会发出这样的感叹：真不知道孩子在想什么，为了建立良好的亲子关系，父母可以学些"正念教育"。所谓"正念教育"，类似于冥想禅修，强调集中注意力，通过调整呼吸、冥想、静观等形式，让孩子放松身心，使他们对内心想法、感观、情感和周围环境更加敏锐，进而捕捉到平时极易错过的灵感或强化认知。让我们一起学习一种洞察并深入理解孩子的方法，和孩子一起成长。

## ❧ 接纳孩子的不完美 ❧

雅纯在佛光丛林学院念书，对训导老师非常不满，总是抗拒并排斥老师的要求与言教。

一日，院长星云法师将她找来，问道："听说你对训导老师不以为然，说说看，你对她有什么不满？"

雅纯抓住机会，开始数落老师的不是，一说就说了半个小时。法师并没有因为忙碌而打断她的说话，且不断要求雅纯再举几个例子来说，直到她想不起来还有什么例子可以举证老师的过错时，法师就说："你讲完了，现在可以换我讲了吗？"雅纯点点头。

法师说："你的个性是属于黑白分明、嫉恶如仇的。"雅纯满意地点头，说："师父，您说得真准，我正是这样的人呢！"

法师又说："你知道，这世界是一半一半的世界。天一半，地一半；男一半，女一半；善一半，恶一半；清净一半，浊秽一半。很可惜，你拥有的是不全的世界。"

雅纯听了之后，愣了半晌，问道："你为何说我拥有的是不全的世界呢？"

法师说："因为你要求完美，只能接受完美的一半，不能接受残缺的一半，所以你拥有的是不全的世界，毫无圆满可言。"

雅纯顿时好像失去了重心，不知所措，问道："那我该怎么办才好呢？"

法师慈悲地说道："学习包容不完美的世界，你就会拥有一个完整的世界了。"

这个世界并不完美，没有完美的成人，更没有完美的孩子。所谓成长，就是完善自己的不完美之处。父母如果不能接纳孩子的不完美，那就意味着无法接纳孩子成长中的过错。实际上，哪个孩子不是在犯错和纠错中成长起来的呢？

在一些父母的思想里，孩子的不完美之处，正是自己的操心之处，也就是自己该对孩子进行深刻教育的地方。因此，只要是发现孩子不完美，就开始对孩子唠唠叨叨，"修修剪剪"。

## 不接纳孩子的不完美，孩子可能会越来越差

王女士是一位美术老师，儿子刚学会抓笔，她就教给儿子学习绘画。儿子很有悟性，很快就能把简笔画画得非常形象。

王女士很高兴，发誓一定要让儿子在绘画上有所建树。她给儿子买了很多种绘画的书籍、绘画用的工具、材料，准备大干一场。

可不知为什么，儿子的绘画水平却再也没有提高的迹象了。一幅图形，只要稍微复杂点儿，他就不知道该如何下笔了。

王女士每次交给儿子绘画的任务，都见儿子咬着嘴唇，在那里做沉思

状，王女士想不通，就说："你到底在想什么啊？我让你画，你就画就行了，想就能想出来了？"

儿子不得已，拿起笔在纸上轻轻地画一些简单的线条。王女士一看，自己教给孩子的那些技巧，儿子居然一点儿都没有掌握。她不由得火冒三丈："怎么就这么不长记性呢？我不是告诉过你了，先要构图，构完图之后再画，你这还没构图呢，都画到图形外面去了。"

王女士开始手把手地教儿子绘画技巧，可她发现，她的努力都是瞎子点灯，她灰心丧气极了，免不了经常对孩子唠叨。

王女士说："你说这叫什么事啊，我是一个美术老师，可是我的孩子却画不好画，这要传出去，你说我的脸往哪里搁啊？你说你怎么回事呢？我的基因难道没有传到你那里去吗？"

王女士的丈夫是一个音乐老师，他看了看孩子的画，说："我怎么觉得孩子的绘画感很好呢，你不要苛求孩子行不？你要是苛求孩子，我看孩子以后肯定就愿意学音乐而不愿意学美术了。"本是一句玩笑话，谁知却一语成谶，王女士的儿子，长大后成了一位著名的钢琴家，而他最讨厌的，就是画画。

在孩子打基础的时候，你不能接纳孩子的不完美，那么孩子就会越来越差。相反，你只是依照孩子的兴趣，不断鼓励，用发现的眼光看待孩子，那么孩子就能越变越完美。

台湾作家朱天心说过这样一句话："你尚且不知老天交给你的是颗什么种子时，你就二话不说在它才要绽开枝丫时就忙着拿起剪子把它修剪成和其他行道树一模一样，万一，万一它是株高可数丈的水杉呢？或美丽的牡丹？或一茎自在的小草？所以这并非矫情，我们能做的就只有找个有阳光雨水之处，松松土，除除草，埋下种子，保持关心、好奇、宽容和想办法欣赏吧。"

## ❀ 教孩子做情绪的主人 ❀

情绪问题，是教育过程中经常遇到的，也是父母常常困惑的。孩子的很多情绪常常不期而至，他们时而兴奋，时而愤怒，面对孩子变化无常的情绪，父母应该怎么办？让我们一起教孩子做情绪的主人，给他们提供一个可以释放与表达的空间。

### 帮孩子识别自己的情绪，提高情绪敏感度

管理情绪的第一步，就是能识别出自己的各种情绪。孩子能识别出的情绪越多，他就越是能清晰而准确地表达自己的情绪，这就是处理情绪的开端。能表达才能沟通，有时在表达的过程中，情绪就解决了。

父母可以随时指出孩子的各种情绪：激动、失望、自豪、孤独、期待等，不断丰富孩子的情绪词汇库，帮助孩子积累表达感受的词语。可以抓住日常生活中的机会教孩子掌握一些表达感受的词语，让孩子懂得如何描述自己的感受。平时，父母可以在自己或他人有情绪的时候，趁机引导孩子，"妈妈好高兴哦""嗯，我很伤心"，我们还可以通过句式"妈妈很生气，因为……""我感到有点儿难过，是因为……"来告诉孩子自己的情绪来源，同时你也可以问孩子，"妈妈看见你很生气、难过，能告诉我发生了什么事吗？"等对话来引导孩子表达自己的情绪及发现自己情绪的原因，有利于提高孩子的情绪敏感度。

让孩子描述自己的感受，既可以利用真实场景，也可以通过玩游戏的方式，来为孩子创造机会描述自己的情绪。比如，"妹妹拿了你的玩具，你生气了吗？"等。当孩子准确表达情绪或者识别情绪的时候要及时表扬，并利用阅读的机会，教小孩识别人类丰富而复杂的内心世界。

## 接纳孩子的不良情绪，引导他们学会控制

情绪是不分对错的，都是人性的体现。任何人都会体会到快乐、痛苦、抑郁、嫉妒等令人愉悦和令人伤心的情绪。而父母却往往不希望孩子表达自己的不良情绪，但如果我们不给孩子表达的机会，孩子就会去压抑这些不良情绪。

情绪是可以面对的，不需要被压抑的，是可以被接纳、疏导的。当我们能够站在孩子的角度去体会他们的情绪，并引导孩子学会自己调节和控制情绪，孩子的情绪表达就会向良性发展，自控能力就会逐步增强。不过，如果小孩正处在情绪中间不要试图这么做，而要等其平静的时候来讨论这种情绪，以及适当的解决方法。

当在情绪而非理智操控的情况下，无论大人还是孩子，往往会做出匪夷所思的事情。在情绪激烈的时候，我们要让孩子学会从潜意识做主掌控的"冲动反应"状态，进入到意识做主掌控的"理性回应"状态。最重要的一点是学会暂停，让自己先冷静，然后再处理自己的情绪。爸爸妈妈可以为宝宝做情绪示范，比如说，"爸爸现在很生气，需要暂停一下"，然后去其他房间休息片刻再回来与孩子讨论刚才的情绪，怎么发生，怎么解决。也可以教孩子自己设定一个口令，当情绪波动大的时候，给自己心里暗示。

## 教给孩子处理负面情绪的办法

3岁左右的孩子已经能够体验到讨厌、伤心、抱歉、担忧、害怕、妒忌等丰富的情绪感受，但他们对情绪的察觉和应对还处于萌芽阶段，当他们遭遇到负面情绪的时候，他们常常不知道如何应对。他们一般采用哭闹、攻击、畏缩等最原始的方法来表达内心的负面情绪。其实负面情绪也有它的积极意义。比如害怕让孩子懂得保护自己，羞愧让孩子知道自己做

事有欠缺，体验过难过的孩子，会设身处地地理解别人的悲伤。当负面情绪产生之后，家长都会本能地想要"救火"。但实际上，不必急于让情绪消失，给孩子机会，让他感受、识别这种消极情绪，同时自己锻炼着平复下来。每当孩子成功一次，他的情绪控制能力就得到更进一步的锻炼。而在这个过程中，如果家长自己能保持中性态度，这会帮助孩子更好地平复情绪。

教会孩子正确面对自己的情绪，消除负面情绪的方法，让孩子自己去处理情绪，最简单有效的方法就是转移法，通过看景色、听歌、运动、品尝美食等能带来积极情绪的手段，缓和一下消极情绪。然后，当孩子冷静下来的时候，再教给孩子去分析思考，想想刚才的情绪是怎么回事，是什么引起的，以后可以怎样做才能避免那种情况，下次再有类似的情况，该怎么办。对于消极情绪，要多分析多思考，去想办法，这样有利于化解情绪。

## ❧ 关注孩子的感受和需求，而不是行为 ❧

孩子的许多行为常常令父母困惑，有时候，孩子会很高兴地笑；而有时候，却又放声大哭。有时候，孩子会和小朋友为争夺一个玩具大打出手；而有时候，孩子却会独自一人躲在角落里自言自语地玩着什么……孩子的行为是多种多样的，孩子的每个行为后面都有和成人不太一样的原因，抓住孩子行为背后的心理才是解决问题的关键，要想解读孩子内心世界的密码，父母首先要关注的是孩子的感受和需求，而不是只盯着行为表面。

### 先别着急想解决办法，先找到行为背后的心理原因

心灵导师马宁在她的《戒掉爱中的伤害》中曾经写到一个例子：一对夫妻带着孩子去见她，说孩子学习成绩非常好，只是最近出现了厌学现

象，想知道怎么回事。

马宁问父母："生活中哪些问题让孩子觉得不满意吗？"

父母答："没有，一切挺正常的，只是近半年孩子对老人在语言上有些不尊重。"

这对夫妻并没有回答马宁"孩子到底有什么不满意"，而是说他们对孩子有什么不满意！最终，一份潜意识测评的报告显示孩子有自杀倾向，在马宁和孩子单独核实的时候，孩子号啕大哭。他说："我感觉没有人关心我。爸爸妈妈就知道工作，不管我怎么做，他们都不能在我身上多花点儿时间，也无法沟通，我感觉自己就像一个孤儿。"他还说："学校里的学生成绩都很好，又有很多的竞赛，感觉压力特别大，但是没有人可以理解我。周末回家爸爸妈妈只关心我的成绩，这让我更加害怕！"他甚至表示："我觉得长这么大从来没有开心过，活着没有意思！上周周末回家时，我站在天桥上，真的就想跳下去，那样也许就解脱了。"

这个例子告诉我们，别只看到孩子让我们不满意的行为，透过这些行为，要用心去了解孩子的情绪、感受和需求，对他们的内在精神世界而非外在行为给予关注。在孩子遇到问题、心情抑郁的时候，最好先处理他的情绪，然后再调整行为。否则，处在情绪之中的人很难正确地看待问题。

当父母把注意力放在解读孩子的情绪和感受上时，孩子就会感觉到强烈的被理解和被关爱，情绪也会随之舒缓下来，这时父母再来探寻孩子行为背后的原因，孩子更容易敞开心扉，与父母分享其真实的想法。相反，指责和否定孩子的情绪和感受，要么是火上浇油，让孩子更愤怒、更不愿意调整行为，要么是雪上加霜，让孩子极为沮丧、丧失调整行为的动力。

## "看见"孩子，用"共情"的方式安抚

涛涛现在3岁，9月1日上幼儿园小班，第一天懵懵懂懂自己背着书包

走进去，但妈妈要离开时他开始哭了。当时妈妈在走廊听到他哭得呼天抢地，还一边吼叫："开门！我要出去！开门！我要出去！"听得出他很恐惧，但妈妈知道孩子入园总要有个过程，狠狠心转身离开了。

中午妈妈偷偷去幼儿园看他，他已经不哭了。那天放学，他从校车上下来时，妈妈发现他眼睛红红的，整个人有点儿呆，但一见到妈妈就表现出异常兴奋，嘴上老说："我要去找妈妈！"妈妈说："我在这里呀！"但是孩子还是笑笑，还是说要找妈妈！

第二天和第三天同样如此，早上送去就哭得撕心裂肺。妈妈发现他对幼儿园有深深的恐惧，一提到就哭，说"我不要！我不要！"没有别的办法，妈妈只是安慰他："不要哭了！"但孩子还是每天上幼儿园都要哭。

孩子是敏感的，刚上幼儿园的孩子自然而然会产生不安全感。"爸爸妈妈并不真的关心我""他们只是希望把我丢开"……分离焦虑给他们还带来了沮丧、难过、委屈、伤心甚至愤怒的情绪，在这些情绪的影响下，孩子用大声哭闹、赖地打滚、紧紧抱着父母的腿不撒手等各种行为来反抗就一点儿不奇怪了。

所以，问题的关键并不在于孩子的适应性好不好，而在于父母给孩子的安全感够不够。如果父母总是花很多时间陪伴孩子，即使决定送孩子去幼儿园，也非常关注孩子的情绪和感受，并提前做了很多准备，当孩子因为害怕分离而哭泣时，能坦然接纳孩子的哭泣，绝不要跟他说"不要哭"，应该让孩子的情绪正常流动起来。同时，用"共情"的方式进行安抚，告诉他爸爸妈妈理解他的伤心、害怕，让孩子觉得"妈妈真的知道我的感受"，这时他们的情绪会平复很多。如果再加上妈妈的拥抱和抚摸，他们的感觉会更好。

正如某句诗歌所说，世界上最遥远的距离，是我在你身边你却看不见我。

当孩子对学校里的遭遇感到生气、伤心、委屈、愤怒时，家长却视若无睹，要么轻飘飘地安慰两句，要不直接不耐烦，说"你表现这么差，活该被批评"，这个时候，孩子会是什么心情呢？换位思考一下，你一定能体会到那种异常苦涩的滋味，那个滋味，叫作痛苦！

关注孩子的情绪和感受，是找到行为背后原因的那把"钥匙"。孩子的每个行为表现一定是有原因的，不是无理取闹，而家长所能做的就是用更多的耐心去等待、去关注，去"看见"。

## ❧ "保护"专注力，而不是训练 ❧

孩子，别玩了，来吃水果吧？

你在做什么呀？告诉妈妈。

你渴不渴啊？要不要喝水啊？

你要不要小便啊？你很长时间没小便了。

奶奶来了，快出去迎接！

你画得怎么样了？你在画什么啊？

你能不能不要那么磨蹭？快点儿！

你为什么不能像其他小朋友那样乖一点儿？

想必类似这些话，妈妈们最熟悉不过了。然而很多家长并不知道，当这些语句夹杂着不耐烦的情绪传递到孩子的耳中，他们的专注力就被我们无情地打断了！

专注力是人的"十二情商"之一，一个孩子能否很好地适应环境，跟专注力有很大关系。

值得一提的是，"专注力"是孩子与生俱来的能力，而且在孩子刚出生的时候很强，比如孩子吃奶的时候，那专注劲儿简直是达到了"忘我"的境界。但是，如果日后得不到合理的训练和保护，"专注力"是会衰退的，"三分钟热度"便是专注力衰退的结果。

然而，很多父母并不相信孩子的专注力是天然形成的，经常抱怨孩子专注力不足或刻意训练孩子的专注力，甚至不惜代价把孩子送进各种"专注力"培训班，而实际上孩子的专注力不需要训练，只需要我们的呵护与理解。

很多家长曾听到老师说："你的孩子专注力不足；上课走神；别的小朋友都很认真听讲，只有你的孩子在干别的事情……"当家长听到老师这样说之后，内心顿时翻江倒海，以往对孩子优秀的评价与信任在这一刻瞬间倒塌！接着就开始教育孩子上课要认真，不能这样、不能那样……

可是，孩子的专注力真有问题吗？若仔细观察孩子你会发现，即便是上课不听讲的孩子，他也不过是在专注他喜欢的事情而已。3岁前，孩子主要是以无意注意为主，他们常被外界的一些刺激而吸引；3岁后，孩子慢慢地由无意注意转化为有意注意，他们开始知道自己喜欢做什么，想要干什么。

所以，当你发现孩子在认真地做一件事情的时候，说明他的专注力是没有问题的，这个时候你需要做的，就是不要去打扰他，并且尽可能地保护好他的专注力！如果孩子原本有15分钟的专注力，而成人隔三岔五去和孩子说话，那么他的专注力就会被割断成三五分钟的碎片。那么，父母应该怎样保护孩子的专注力呢？

## 不要随意打扰孩子

一位妈妈带着孩子去旅行，当他们走进大自然的怀抱时，妈妈和孩子都被眼前的美景惊呆了，如画般的蓝天白云与山水映入眼帘。就在孩子沉浸在梦幻般的美景时，妈妈突然问孩子："你看，这景色优美吗？你看见了什么？你觉得那山像什么？要不把它画下来？"

原本全身心投入欣赏当下美景的孩子，被妈妈的话打断了，于是孩子只能把专注力转移到妈妈的话上，而停止内在对当下的专注。如果这种事情在家庭中时常发生，那么孩子的专注力怎能发展到高度的集中呢？

所以，当孩子在专注地做某一件事的时候，譬如琢磨玩具、看书，甚至是吃饭的时候，任何人都不要去打扰他，甚至打断他。有的家长会抱怨，我家的孩子总要在他后面追着喂饭，我的孩子总是不专心学习，这时候家长需要反省，在孩子小的时候，你是否注意保护孩子的专注力。

## 不要催促孩子

骁骁正在画画，画他最爱的恐龙。可是妈妈却急着要出门，于是隔三五分钟就过来问问："画好了吗？快点儿啊！再给你最后五分钟。"原本沉浸在恐龙世界里的孩子只好一边应付着妈妈，一边胡乱地画了两笔匆匆跟着妈妈出门了。

孩子的节奏往往比成人慢，父母需要接纳孩子这一点。随着孩子的年龄越来越大，拖拉是因为在过去的生活中受到了许多制止、责骂、批评与打击，导致孩子"不愿开始"，而"拖拉"则可以让孩子认为不必面对过去的责骂、批评与打击。

## 多让孩子做一些指示清晰及要求明确的事

只有专注力非常集中的情况下，孩子，才能实现你给他布置的任务。但要注意不要一次给太多任务，先从一个任务开始，指示要清晰。

如妈妈可以这样安排："孩子先把台子上的花帮妈妈拿过来。"如果孩子做得很好，再增多任务，如妈妈可这样安排："孩子，先把台子上的花帮妈妈拿过来，再把桌上的杯子给妈妈拿过来。"经常这样训练，循序渐进，孩子的专注力就会一天比一天提高。

想要孩子拥有良好的专注力，需要父母细心、耐心地引导和培养。孩子的专注力不是一天就可以培养好，但是破坏孩子的专注力却很简单。所以，想要孩子拥有良好的专注力，宝爸宝妈的努力不能少。

## ❀ 放下过度期待，爱孩子本来的样子 ❀

国王希望能够有一个孩子。于是女孩的兄弟姐妹都努力地展现自己的一切。

但是最后，只有那个什么都不会的小女孩，成了国王的孩子。

为什么呢？国王说："我爱你，就是爱你本来的样子，不需要你有多么聪明，多么能干，只要你用本来的样子，把你的时间、你的爱、你的善良给我。"

这是绘本《爱你本来的样子》里的故事，显然，这位国王对孩子的爱是纯粹的，没有条件的。现实生活中，有多少父母会对孩子说"我爱你，就是爱你本来的样子"呢？

我们对孩子充满了期待。期待他们做事认真、少些马虎，假如这种期待能够实现的话，我们便满足于培养了一个完美小孩儿的成就感；期待他们将来过上好日子，过着有尊严、自主的生活，并且很幸福，假如这些期待也可以实现的话，我们以为自己和孩子就可以远离不安和焦虑……

就这样，父母在不知不觉中把自己和孩子从"此地"带到"彼地"，那是未来的某个时刻我们所预想的。有些家长会对孩子说"你要是不听话我就不喜欢你了"，也有些家长一心想着把孩子打造成自己心中的完美孩子。其实，很多时候父母对孩子的那些期待源于自己心底的恐惧，我们在成长的过程中有很多未被满足的愿望——被爱、被认可、被关注、被呵护等，以至于在亲子关系中产生了过度的要求和控制，还有过高的期待。

事实上，孩子的所有，都值得父母去聆听、体会，去爱，去关注。孩子的所有，一动、一笑、摔倒、爬起，都是他们价值的体现。如果理解了一点，孩子三岁时的叛逆，孩子青春期时的忤逆程度便可不那么尖锐，因为理解，因为接纳，孩子同样会理解父母，接纳父母与自己成长的些许冲突。

一个被父母接纳的儿童，无论此刻是否优秀，未来是否成才，首先这个孩子已经被父母奠定了能够幸福成长的基础。作为还必须依附父母成长的孩子，什么会让他们感觉幸福？安全感、自信心、满足感……而给予孩子这些心理满足的前提就是家长必须能够从心底，完全接纳孩子，不仅包括优点，重要的是能够从容地接纳孩子身上不足之处。

一个从小不被接纳的人，长大以后也不会很好地接纳自己，接纳别人。

孩子的生命属于他自己，父母不能让孩子来替代我们的生命，不能强迫孩子按照父母的意志生存。父母都渴望孩子有个幸福美好的未来，但这点谁也不能保证，既然如此，就让孩子保持他们本来的状态吧！不苛求有更好的表现，接纳他们是什么样就是什么样，他们只为他们自己而存在。只有这样，父母才能与孩子真正地连接——爱，这份连接体现出来的是可以分享彼此的喜怒哀乐和酸甜苦辣，使我们有机会照见各自的内心。在如此的连接中，感受到彼此的接纳、包容、尊重、欣赏和一切的情绪。

## ❧ 觉察自己的情绪，与焦虑和解 ❧

最近，10岁的儿子在自己卧室的门上挂了块"请勿打扰"的牌子，让妈妈百思不得其解：是自己做错了什么？还是孩子已经独立到了非要挂牌子的地步？爸爸也难过地说："自从挂了那块牌子，我觉得好好的家就像旅馆似的。"

但是宁宁却不以为然，依旧我行我素。有一天，宁宁放学后拿回来自己的试卷，妈妈一看分数就开始气急败坏："你怎么考的啊？你看人家隔壁家的欢欢，每次都能考前三名。你要是老是考不好，将来怎么能有出息？"吃饭时儿子不小心把盘子碰到地上摔破了，妈妈的脾气一下子上来了："你怎么这么笨呢？吃个饭还打碎盘子，你都多大了呀？你以为门上挂个'请勿打扰'的牌子就证明你能独立了吗？告诉你，小子，还早着呢……"

无力辩解的儿子只能继续沉默，从那以后，回到家吃完饭就把自己关到屋里的宁宁渐渐和父母之间产生了隔阂。

很多时候，面对孩子犯错，父母指责和谩骂只是发泄了自己的情绪，而这些情绪源于内心的焦虑。况且大多数时候，父母并不是对当前错误引发的情绪观照与消化，没有就事论事，而是由孩子的这个错误扯上另一个错误，不断关联，心念也不停攀缘，导致情绪不能收在起初的范围内对其进行观照和消化，所以往往到最后脾气就火力全开，强力爆发了。如案例中的这位妈妈，当看到儿子在门口挂"请勿打扰"的牌子时，她的内心已经有了对孩子无法掌控的焦虑。接下来，无论孩子犯什么错误，都只是引发内心焦虑小火苗的引子而已。

亲子沟通中父母是成熟的一方，是主导的一方。因此，亲子沟通的好坏，源于父母。父母与孩子沟通，不仅要懂得亲子沟通的技巧，还要学会觉察自己的情绪。但是，做父母的自己往往并不觉察，特别是在情绪头上，总是理直气壮地认为自己是出于管教孩子的责任感。但父母须知，当你自己带着负面情绪时，往往会放大孩子的过错。

而家长对孩子吹毛求疵，动辄指责，对孩子形成健康的良好自我概念很不利。因为孩子的自我概念是从"重要他人"的评价中逐步形成的，父母就是他们最重要的"重要他人"。父母在孩子形成什么样的自我概念的过程中起着决定性的至关重要的作用。

因此，父母"自我觉知情绪状态"的能力很重要。因为"自我觉知"

往往是赢得情绪控制的第一步。无此第一步，就不可能有情绪的自我控制。有人称这种"自我觉知"能力为一个"旁观的自我"，不动声色地注视着你的情绪起伏变化。

生活中，可能很多人有过这样的体验：你接连遇到好几件不顺心的事情，下班路上，你又无端地被一个家伙胡搅蛮缠，一回到家，看见孩子正在看电视，你的气就不打一处来。你向孩子大发脾气，一点儿听不进孩子的解释，而你可能更加愤怒，认为所有的人都在跟你作对，连自己的孩子也不理解自己，而自己辛苦劳累，还不是为了孩子？这样想着，你越发愤怒。

而实际上，真正令你愤怒的是那些"不顺心的事情"，它一直在你的意识层面之下涌动翻腾，并支配着你的愤怒反应。

同样，如果你对孩子的行为有不满，不要忍着不说，因为忍着不说，意味着你在放纵孩子继续他的不好行为；而你则在积蓄愤怒。所以要及时表达你的不满，就事论事，只说眼前一件事。如果你的孩子抱怨你常常吹毛求疵，那么你要做的不是忍着不说，而是调整自己的情绪，宽容孩子小的过错。

当一个情绪升腾起来的时候，"正念"能让人对行为和情绪有意注意与观察。与孩子同在的每个时刻，父母要保持醒觉、专注、开放、接纳、洞察。如此一来，即使在心烦意乱的时刻、情绪失控时，依然可以退一步，问下自己：激怒自己的究竟是什么？

## ❀ 慢养，让孩子成为更好的自己 ❀

"慢养孩子"是台湾著名成功学大师黑幼龙先生的家教心得，他说："养孩子就像种花，要耐心等待花开。"

黑幼龙先生的四个孩子中，次子黑立国和幼子黑立行的成长经历最能体现慢养的价值。

黑立国小时候叛逆心极强，学习成绩一塌糊涂，甚至考过零分。黑幼龙非常担忧，却也无可奈何，他不愿逼迫儿子用功学习，因为他知道，除非孩子自己愿意学，否则，所有的努力都是白费力气。黑立国贪玩、好胜，脾气也不好，经常闯祸。最严重的一次，他出于好奇，在超市偷一副手套，被当场抓住。

"即使发生了这种事，我和妻子也不认为黑立国是坏孩子。"黑幼龙说："我们问清事实真相，然后坚定地做孩子的靠山。我们让他知道，父母会支持他，即使他犯错，只要改过，父母对他的爱永远都不会减少。"

上高二那年，黑立国加入了学校的摔跤队，成天和一群学习成绩比他还差的黑人队员在一起，自然得到了教练的赏识。黑立国第一次发现学习好能赢得尊重，于是发奋学习，成绩突飞猛进，不仅顺利考上大学，而且成为学业上的佼佼者。30岁那年，黑立国被提升为华盛顿大学医院的副院长。

本来最不被看好的一个儿子，居然变身业界精英！黑幼龙欣慰之余感慨地说："父母很容易认为孩子学习成绩差就没希望了，其实如果做到慢养，这样的孩子将来可能更优秀。"

黑立行从小聪慧过人，学习成绩在全校数一数二，最受黑幼龙的宠爱。他高中毕业时，参演过一出歌舞剧，居然上了瘾，梦想当电影明星。他大学攻读的是机械工程专业，快毕业时，他再度认真地跟父亲讨论自己的未来。

黑幼龙明知道儿子是异想天开，却不忍心给他泼冷水，于是建议他用一年时间去尝试，如果不行，再决定以后做什么。黑立行意气风发地投身演艺事业，练发声、学表演、试镜，格外积极。黑幼龙也尽心尽力帮儿子圆梦。

一年后，黑立行醒悟，梦想终归是梦想，不是自己的特长，再下功夫也是白费。他决定放弃明星梦，回到斯坦福大学机械研究所继续学习。

"如果我当时不准他学表演，可能造成他一生最大的遗憾。"回顾儿子走过的这段弯路，黑幼龙不胜感慨，"其实，中国的父母是世界上最好的父母，只要对孩子有用的、有好处的，他们都愿意给。问题是，什么才是对孩子最有用的？"孩子的未来，归根结底是由孩子自己决定的。

黑幼龙说："慢养并不是时间上的慢，而是说教育孩子不要太担忧、太着急。不求一时的速度与效率，不以当下的表现评断孩子，尊重每个孩子的差异。慢养，可以让孩子发现最好的自己。"

## 养孩子就像赶"乌龟"过大山

有一天，一位年轻的妈妈在大街上对孩子又吼又叫，因为孩子的期末考试不理想。孩子的姥姥在一旁自言自语："养孩子得有赶乌龟过山的耐心才行啊！"

"赶乌龟过山？那得多大的耐心啊！"年轻的妈妈仔细想了想，有时候还真是这个道理。乌龟不想动的时候，你不能撇开它，做别的事，你得站在一边哄着，好言相劝；乌龟爬得慢的时候，你得不停地说好话，鼓励它一直向前；乌龟哼哼唧唧、牢骚满腹的时候，你得装聋作哑、假装看风景；乌龟跟你泼皮要赖、讨价还价的时候，你心里有多大的气，都得按下，嘴角还得上扬，保持微笑。乌龟喊腿疼，你就是医生；乌龟嚷肚饿，你就是厨师；乌龟说闷，那你就是它的伙伴……

台湾作家龙应台有篇脍炙人口的文章《孩子，你慢慢来》。孩子，就得慢慢养。慢养需要绝对的耐心，耐心里蕴含了许多宝贵的东西，爱，忍耐，责任，信念，智慧，毅力，以及信心等。慢养是父母对自己的信任。

慢养是父母对孩子的尊重，是理智的生活态度，是平常心。

慢养的最大好处是，它使生活更像生活，日子更像日子，亲子更像亲子。

每个孩子都是一朵花，只是一年四季开放的时间不同。当人家的花在春天开放时，你不要急，也许你家的花是在夏天开；如果到了秋天还没有开，你也不要着急踹他两脚，说不定你家的这棵是腊梅，开得会更动人。所以，妈妈们要学会慢养孩子，静待花开。

## 拔苗助长式育儿，源于父母的焦虑

7岁男孩的妈妈刘娜在某育儿网站发帖称，自从有了孩子，觉得自己像一个"女神经"。当了妈妈之后，孩子打一个喷嚏，就赶紧想过去的24小时里是不是让孩子受凉了；如果孩子说"妈妈，我不喜欢你了"，马上就想自己是不是什么地方伤害了孩子；孩子爱吃肉，担心他太胖；孩子不爱吃肉，又担心他营养不良；孩子在外打人，担心孩子太暴力；孩子被打，又担心孩子不够勇敢；孩子性格温顺，担心他太"娘"；孩子脾气火暴，又担心他吃亏……

因为害怕孩子输在起跑线上，看到别的家长给孩子报了各种兴趣班，她也不甘落后，虽然知道有些并不是儿子真正的兴趣，但倘若不对孩子严格一些，担心孩子跟不上节奏。孩子上了小学后，她更是焦虑和迷茫，不知道怎样教育孩子……

孩子成长有规律，是一个循序渐进的过程，没有捷径可言，万不可超越。父母对子女拔苗助长，过度施教的表现很多，例如，有的家长，在孩子说话还不太清楚的时候，便强迫他们大量地背古诗、背外语单词；在孩子的小手还不听使唤的时候，就强迫他们学写字、学弹琴、学绘画；在孩子刚进幼儿园的时候，便强迫他们学习小学所设的语文、数学等课程；在孩子的课业负担已经不堪重负的情况下，家长还要给他们加码等。

现代教育提倡早期开发儿童的智力，但并不是说可以不顾儿童生理和心理的发展阶段而随意超前；现代教育也提倡通过丰富的脑刺激来促进孩子大脑的生长，但也不是说可以不顾孩子的接受能力而超量刺激。过度地超前和过度的超量，都会适得其反，其结果必然是"欲速则不达"。

过早和过量地施教，其危害是很严重的。拔苗助长式教育的背后，其实与父母的过高期望有关，父母应该学会放下心中的焦虑，用心陪伴孩子成长的每一步，教育孩子的过程中，我们最应该做的不是加法，而是减法。

## ❧ 没有完美的妈妈，只有真实的妈妈 ❧

如今，社会对于父母角色的要求越来越高，正如网络上曾经流传的"十八得了超级妈妈"新标准——要下得了菜场，上得了课堂；做得了蛋糕，讲得了故事；教得了奥数，讲得了语法；改得了作文，做得了小报；懂得了琴棋，会得了书画；搜得了攻略，找得了景点；提得了行李，拍得了照片；想得了创意，搞得了活动；挣得了学费，付得了消费。这样的要求，几个父母能做到？

有人说现在是个拼爹拼妈的时代，各种信息都在督促着父母不得不努力向完美父母标准努力。不论是拼爹的受教育程度、社会地位、经济收入，还是拼妈的教育理念，父母的压力越来越大，焦虑程度越来越高。

中国儿童少年基金会与北师大教育学部家庭教育研究中心所做的"2016中国亲子教育现状调查报告"显示：87%左右的家长承认自己有过焦虑情绪，其中近20%有中度焦虑，近7%有严重焦虑。

父母是孩子最好的榜样，所以爸爸妈妈总喜欢在孩子面前树立完美的形象，让孩子能够学到自己最好的方面，把孩子照顾得无微不至。然而，太过完美的父母反而教不出完美的孩子！父母对孩子的照顾要适度，如果太过完美无瑕只会过犹不及，那么，妈妈应该怎么做呢？

## 放松点儿，告诉孩子"妈妈不是万能的"

在孩子眼里，爸爸妈妈什么都会，再大的难题爸爸妈妈都能够解决，而且家长也时刻跟着孩子，发现他有什么困难就马上帮他完成，听着孩子高高兴兴地说："爸爸妈妈好棒！"心里也是美滋滋的。

上三年级的牛牛开始学英语了，回到家里写作业，妈妈就陪在他身边指导他，这次牛牛又遇到难题了，课外书上有一个英语单词牛牛不会，跑去问妈妈，可是妈妈也被难住了，回答不出来。看着牛牛失望的表情，妈妈也很内疚。

其实牛牛妈妈大可以放轻松点儿，完全可以告诉儿子妈妈也不是万能的，也会有不懂的地方，可以认真地告诉他："这个单词妈妈也忘了，明天妈妈再告诉你，好吗？"就能轻松地安抚好孩子失望的情绪。而且，在日常生活中，妈妈也不必对孩子事事周到地照顾，孩子遇到困难了，不要第一时间就帮他解决，应该鼓励他自己想办法应对，不要让他养成一有困难就找大人的习惯，这样的孩子很难独立。

## 妈妈不是超人，"放任不管"也是一种教育

很多人都听过这么一个段子，说是孩子在家里永远在找妈妈：
"妈，我渴了。"
"妈，我饿了。"
"妈，我衣服呢？"
"妈，晚上吃什么？"……
而跟爸爸说的基本就一句："爸，我妈呢？"

在我们心中，妈妈好像就是超人，任何问题都能轻松搞定，然而，在《妈妈是超人》第二季中，明星胡可却给了我们另一种启示。在节目拍摄中，胡可在做饭，没空管两个儿子安吉和小鱼儿。小鱼儿各种转圈圈，转晕了直接扑倒在地上，小鱼儿自然疼得哭了起来。这时的胡可，淡定地看了小鱼儿一眼，转身继续回去做饭了，压根就没有要扶一下的意思，最后小鱼儿自己爬起来拍了拍腿上的灰。还有一次，兄弟俩闹起了矛盾，胡可首先会选择无视，自己不插手，让兄弟俩自己解决问题。

其实有时候，"放任不管"未尝不是一种好的教育方式。当孩子犯错受到挫折时，不少家长都会冲上去第一个善后，长此以往，孩子永远也学不会自己面对错误，犯了错误甚至还会推卸责任。

有一对不完美的父母，孩子就会放松许多；有一对不完美的父母，孩子会从错误中汲取经验；有一对不完美的父母，孩子就会敢于尝试和探索；有一对不完美的父母，孩子就会不怕失败；有一对不完美的父母，孩子就有承认错误的勇气；有一对不完美的父母，孩子就会寻求独立；有一对不完美的父母，孩子就不会有过强的中心感。

所以，作为不完美的父母，我们完全可以把独立处理问题的机会留给孩子，适当"示弱"。可以称之为"超人"的妈妈，是可以站在孩子背后，用最平和的情绪去支撑着孩子，能够让孩子按照他自己的心愿勇敢地往前走，勇敢地去感受这个世界，有一天孩子可以靠着自己的努力，成为一个超人。

# 培养幸福感，让孩子学会爱与被爱

## 10

幸福是一种积极的内在功能，不是因成功而产生幸福，而是因幸福而带来成功。

曾有媒体报道：中国孩子的幸福感全世界最低。姑且不论这则报道的真实性及是否有数据参照，至少这样一个言论，并不让人惊讶。我们给孩子无数教育，唯独忘了要教他们如何幸福。幸福感在很大程度上属于一种情商能力，它其实是一种可以被培养的技巧和一种可以后天养成的习惯。

所谓幸福，是有意义的快乐。爱因斯坦成功地创造了一个能发挥自己优势的工作方法，有些人可以把兴趣变成自己的热爱，还有些人找到工作背后的意义。所有这一切，都能让你觉得：工作虽然不是最成功，但一定是更加幸福，因为在今天这个网络时代，没有一个人看到自己是最成功的。

幸福是一种积极的内在功能，不是因成功而产生幸福，而是因幸福而带来成功。

在一个不是每个人都能成功的世界，一定要让你的孩子拥有幸福的能力。

## ❀ 有幸福感的妈妈，才能培养有幸福感的孩子 ❀

人们常说，幸福是可以传染的，如果家庭生活中充满抱怨和灰暗，尤其是家有"怨妈"，孩子会有幸福感吗？

在一次家长会后，10岁小男生李俊泽的妈妈被班主任留下交流。班主任反映，儿子变得内向偏激，每次作文都悲观消极，从不肯赞美别人，平时亦缺乏宽容之心。一开始，这位妈妈一笑置之，认为是青春期在作怪，过了这阵子自然会好。没想到看到儿子的作文后，顿时打了个寒战："我没有幸福感，过得一点儿都不快乐，这样的生活什么时候是个头啊，真没意思……"

晚餐桌上，妈妈忍不住问儿子觉得什么是幸福。儿子苦笑着回答："可以不必念书，天天玩；可以像明星，有万千粉丝追捧；可以买两元钱彩票，中两千万大奖。"妈妈不禁瞠目结舌，孩子怎么会有这样的幸福观？

晚饭后，妈妈在电话里对着出差在外的丈夫大发牢骚，抱怨媒体对孩子的不良影响，也抱怨他常年在外，教育孩子一点儿也帮不了忙。丈夫笑着说："我倒觉得，孩子那些话很耳熟，仿佛在家里听到谁说过似的。"

妈妈突然反应过来，儿子作文里的话，正是自己的口头禅啊！

原来由于丈夫常年在外，这位妈妈一边上班一边操持家里的大事小事，久而久之心生抱怨。近一两年来，下班后，她进门就苦着脸奔厨房。晚饭后，就与朋友通电话，从小职员的难，说到兼职主妇的累，诉够了苦，这一日也算交代完毕。天天年年，着实苦坏了儿子的一双耳朵，不经意间，还把抑郁传染给了他。

显然，一个没有幸福感的妈妈，很难培养出有幸福感的孩子。那么生活中，妈妈应该怎样做呢？

## 留给孩子幸福基因

无论是职场妈妈还是全职妈妈，心态是否端正对孩子的幸福非常重要。为了工作把孩子托付给别人照顾，心里却不认可这种安排，或者整天和孩子在一起，心里却埋怨这不是自己想要的生活，这两种心态都不可取。

有专家指出，妈妈对于工作和育儿有着什么样的态度，对于孩子的发展是最重要的，只要妈妈有生活的热情，对自己的生活满意，那么以此为基础，她就能更好地扮演好母亲的角色。如果妈妈愿意继续她的职业生涯，但是为了养育孩子和家事不得不放弃自己的事业，她们就有可能疏忽孩子，也有可能把气撒在孩子身上，或者想通过孩子来满足自己，就会搞得孩子不得安宁。孩子和这样的母亲就是整天在一起，也不会得到任何的帮助。

妈妈在家或不在家并不重要，重要的是妈妈喜欢自己的生活，觉得幸福，孩子才能健康地成长。如果认为自己的生活无聊，整天的苦恼，那么就算母亲全职和孩子可以24小时在一起，也不会比那些因为工作、一天只能和孩子相聚几个小时的母亲好到哪里去。只有那些对自己的选择满足、堂堂正正地生活着的母亲才是最好的母亲。

## 注重陪伴孩子的质量

如果一个工作繁忙没时间和孩子交流的母亲，很多事情都要依靠孩子自己来解决。心情郁闷的时候，找不到妈妈倾诉；打电脑游戏，也没有人唠叨；没有人关心他们学习的情况。那么，孩子对这样的妈妈究竟会有什么样的想法呢？

以《向孩子们询问》一书而闻名的盖林斯基为了寻求这个问题的答案，采访了父母都有工作的孩子们。他首先要求孩子们对自己的父母作几点评价，其结果，对于孩子们来说，父母是否有工作或者是否在家并不重要，重要的是父母养育他们的方法。

孩子在质和量上非常重视和父母在一起的时间。吃饭、写作业、收看电视等日常活动中，如果父母是共同参与的，那么孩子们对父母的评价是肯定的，而且父母对他们的关注程度越高评价也越高。

所以，妈妈要学会追求自己幸福的理念和方法。不再苛求自己，在心理上放松自己，只有妈妈幸福了，孩子才能幸福！

## ❄ 会玩的孩子更幸福 ❄

古人说，"玩物丧志""业精于勤荒于嬉"。大部分父母不会鼓励自己的孩子玩耍嬉戏，当孩子满身灰尘地回来，少不了一番牢骚；当孩子的双手好奇地在墙上涂涂画画，少不了一声呵斥；当孩子把物品打翻，少不了一顿责骂。

父母在呵斥指责孩子的时候，却没有注意，孩子满是灰尘的脸上有着灿烂的笑容，探索时，孩子眼神里充满着渴望以及好奇。

其实，会玩的孩子更聪明，也更容易幸福。

马云在上海市浙江商会第九次会员大会上发表演讲时说："……文化是玩出来的，会玩的孩子、能玩的孩子、想玩的孩子一般都很有出息……很多画家是玩出来的，很多运动员是玩出来的，很多作品都是玩出来的。"

很多父母习惯将成年人的"现实和责任"放在孩子的身上，剥夺了孩子的创造与幻想，玩耍与嬉戏。大多数家长崇尚"不要让孩子输在起跑线上"，如果哪位家长说"报什么兴趣班，自己去玩……"估计马上会被贴上"不负责任的父母"的标签。

当然这种"玩"，是健康的玩，是自得其乐，是兴趣广泛，是朋友众多，不是简单的感官刺激或金钱消费。前者是幸福的体验，后者是懒惰的放纵。

玩耍，是孩子学习中很重要的一部分。龙应台说："玩，可以说是天地之间学问的根本。"孩子在玩的过程中，用双手触摸世界，用身体感知世界、了解世界。

玩是一个体验的过程。如果一个孩子，没有看过群鸟归林，没有看过蚂蚁搬家，没有在旷野里行走过……只是看着屏幕上的"万类霜天竞自由"，想来不太容易感受大自然的美。那么作为妈妈，应该怎样引导孩子玩出幸福呢？

## 要有游戏的精神

做父母的，自己本身也要慢慢地学会玩。在忙完一切工作以后，回到家里，可不能再对着孩子大眼瞪小眼，或者自己看手机不去管他。下班的路上，就应该是情绪模式转换的过程，从公司的"白骨精"模式，转换成家里的"神经病"模式，百无禁忌地陪孩子疯玩又有何不可呢？

吃饭、走路、洗澡、睡前，都可以当作游戏嘛！吃饭不重要，吃得开心才重要；走路快慢不重要，走得有趣才重要；洗不洗得干净不重要，洗得好玩才重要。要知道未来的世界里，当大部分工作都被机器取代的时候，也许你能去带着一群人玩，或吸引大家看你玩，才是精英阶层的工作岗位，也是机器暂时无法取代的工作岗位。30年后，会设计游戏、会讲故事、会随手利用任何道具和资源、会角色扮演、会共情和会跨界的产品经理、导演、旅游设计师、聚会策划师、游戏组织者才是社会上最核心的人才。

## 别让孩子带着任务去玩

玩，本来是一件有意思的事情，但是，父母总希望它变成一件有意义的事情。带孩子去动物园，回来写篇作文；带孩子去旅游，回来写个游记；带孩子去……孩子每次去玩，都是带着任务去玩的。有意思的事情不一定有意义，或者说，它的意义并不会马上就会显现出来的。

有时候，玩，就是让孩子真实地面对生活，面对世界。独自玩耍，他们可以细细体会，这个世界的丰富多彩；与父母玩耍，他们可以感受家庭的温暖；与同伴的玩耍，他们能知道，人与人的差异。玩耍就像是生活的彩排，阻止孩子玩耍，就像斩断了他们的触角，当他们终有一天需要面对现实的时候，会无所适从。

美国心理治疗专家亚历山大·鲁宏创立的生物动力学心理疗法认为："人的个性，就像树的年轮，是一圈一圈发展下去的。婴儿的一圈，代表享受与爱；孩童的一圈，代表创造与幻想；少年的一圈，代表玩耍与嬉戏；青年的一圈，代表爱与探索；而成年人的一圈，则象征现实与责任。一个完全的人，要具备上述特征。"

"万物皆有时"，世间无论人或物，都有各自的秉性和发展规律。不强制，不苛求，因势利导，遵循孩子的自然生长规律才是最自然的教育方法。孩子需要足够的时间和空间去体验生活，让孩子尽情地玩吧！

## ❀ 创造机会，让孩子体验"成就感" ❀

俞敏洪曾经说过："孩子一辈子的幸福基于什么？基于他的成就感。"

"成就感"在大人的世界里，有着不可比拟的作用。有了它，我们做起工作会更有劲儿，做起研究会更深入，连生活也会因此变得不一样。可是你知道吗？对于孩子来说，他们也需要"成就感"！

很多家长为孩子找了工作买了房子选了媳妇给了金钱，但为什么孩子还是不幸福？因为我们剥夺了孩子通过自己奋斗获得成就感的权利！也有家长认为看似并没有"成就"的孩子怎么会有"成就感"，其实，"成就感"来自日常每一天！"成就感"从小事中也能得到的。有时候，家长上班一天回家累了，让孩子烧个菜扫个地，都会让他有成就感。要想让孩子体会到"成就感"，妈妈不妨这样做——

### "无知点儿"

——当孩子问为什么的时候，家长要装得"无知点儿"，不要直接给孩子答案，而是热情地邀请孩子与自己一起去寻找答案。

比如，孩子问："妈妈，花儿为什么是红色的？"

妈妈回答："这个，这个高难度的问题我还真的不知道呢！来，我们来查查资料，看看花儿为什么是红色的？"在妈妈带孩子寻找答案的过程中，孩子学会了怎样使用查找工具；在妈妈带着孩子找到答案后，知道是花儿中的花青素起的作用，因此孩子对化学和生物学充满了兴趣，最原始的启蒙和引导便诞生了！最重要的是孩子有了成就感——答案是自己找到的！幸福感便油然而生。

## "笨一点儿"

——当家长想要锻炼孩子的动手能力时，可以装得"笨一点儿"，请求孩子帮忙完成，孩子在接到请求后，动手能力和探索欲就开始激发了。

比如：妈妈买回一台新的微波炉，一进家门就大喊："儿子，快来帮妈妈看看这个微波炉怎样装起来，怎么使用？"儿子一听这么大的一件事情妈妈请他帮忙而不是请爸爸，这时儿子会很自豪地答应妈妈的请求，并且仔细查看说明书，帮助妈妈把这个微波炉装好，并教妈妈怎样使用（其实微波炉的使用说明书上都有）。

之后儿子就会好奇微波炉是怎样使食物加热的，于是他便会悄悄地到网上查找相关内容，孩子的好奇心和探索欲便打开了。幸福感在教妈妈的过程中便产生了。

总之，成就感对于任何一个人来说都是不可缺少的，作为父母，我们在日常的生活中要善于利用一切可能的机会，帮助孩子建立一定的成就感。当然，前提一定要建立在真实真诚的基础之上，不然虚假的成就感会让孩子形成自大、自以为是的性格。

## ❀ 期待孩子的努力，而不是完美 ❀

期待孩子的努力，而不是完美，这是给追求完美的父母和虎妈的特别建议。

那些过度强调成绩的父母很可能会致使孩子陷入比同龄人更深重的抑郁、焦虑等不良心理。研究表明，必须赞扬努力，而不是天赋。每一个孩子都是花朵，原本上帝给予孩子的是一张白纸，就看家长如何描绘，所以当孩子出现错误、不正确的行为时，我们要学会为了改善而努力，而不是期待完美。

当我们表扬成绩背后的努力和艰苦付出，孩子们就会更有动力继续努力，而在不断的努力和挑战中，孩子们将能获得更多的自信心与成就感，这是幸福感的重要来源之一。

一位当医生的妈妈有个健康可爱的儿子。有一天，她儿子在学校，不小心把脸划了一下，并不严重，有可能会落一个浅浅的小疤。这位妈妈简直快要崩溃了，她觉得这是个天大的事。她的这种心理其实才是个问题。还有一位妈妈因为儿子考了95分，没有达到她理想中的100分，就对孩子横加责备，她经常说的一句话是："我允许孩子不会做题，但不能容许孩子马虎，他明明是会做的呀。"这位家长没有意识到她是多么苛刻啊！

这些妈妈的问题都在于过分关注孩子，希望把孩子培养成"完美孩子"，不容许孩子有缺点和错误。很多家长心里可能想的也是不苛求孩子成名成家，只要孩子一生幸福就可以了，但有时候的做法，往往是跟他们的观点分离的，他们往往由于太多地考虑孩子未来的"销路"而没有考虑孩子的幸福感。

还有很多父母煞费苦心地为孩子规划最"完美"的人生，他们以为只有这样，孩子才会少走弯路，才会更幸福。但实际上这只是一厢情愿的幻想。如果我们的孩子有勇气选择自己想走的路，并在其中经历顺境、逆境、成功、失败，挖掘自己的潜能，始终追求真理，那才是真正的幸福。

"完美计划"中的孩子可能会认为"自己需要表现良好，才能被人接纳""成绩必须名列前茅，父母才会爱我""在比赛中，我必须赢，不能输！"但实际上，在这样的观念中，孩子会错误地认为：爱是需要用好行为换取的。"完美计划"中的孩子大多数害怕失败。

作为父母，要允许孩子失败，在他考试失败，输掉比赛的时候告诉他你爱他。要让孩子知道，你爱他，是因为你是他的爸爸妈妈，是因为每个宝贝都是上天给父母最特别的礼物，而不是因为他的好行为。

## ❧ 培养儿子积极的心态 ❧

刘成正读小学三年级，期中考试过后，他把成绩单拿给妈妈看，有三科成绩是90多分，另有一科成绩为65分。妈妈对他说："怎么学的？一门课程差点儿不及格，才60多分，不行！必须抓紧！这样吧，给你请个家教，以后多花点儿时间学习，除了周末，不许看电视。"

刘成真的很听父母的话，从此，每天放学后就去家教老师那学习。期末考试后，这科的成绩是85分。妈妈开完家长会回家后对孩子说："你怎么学习这么笨，我们花了这么大功夫每天送你去家教，成绩一点儿长进都没有，期中是在全班排三十名，这次反而还掉到了三十二名，真让我们失望没面子。"结果，整个寒假刘成也没开心玩几天，除了上补习班就是在家学习。

又一个学期过去了，刘成的成绩到了90多分，进入了班里的前十名。这时妈妈又说了："你看，家教和上补习班管用吧，要不你还在三十多名晃着呢，这年头，哪个孩子都不傻，大家都在使劲学，就看谁刻苦。"又一个学期过后，刘成的成绩进入了班里的前五名。当他满心欢喜地把成绩单拿给妈妈，真希望听到妈妈的表扬和肯定，希望妈妈能为自己的进步而感到骄傲。可这时妈妈又说了："这有什么可显摆的，你又不第一名。以后还得好好学习，不能贪玩。"等到刘成真的拿了第一名时，妈妈又这样对他说："可不能骄傲，一不小心成绩就会掉下来的，千万不能翘尾巴。"后来，在父母的严厉管教下，刘成除了读书学习，几乎不做别的任何事情，也很少跟同学玩。

渐渐的，他在班里越来越沉默，老师和同学很少在他脸上看到快乐的笑容。学期结束后，老师给他的评语是：生活态度过于消极，建议培养积极心态。

看到老师给的评语，妈妈傻了眼，儿子的学习明明有了进步，心态咋还越来越消极了呢？

其实，所谓"心态"是指对事物发展的反应和理解表现出的思想状态和观点。即使一个看似成功的人未必有着积极的心态。世间万事万物都存在着两面性，一面是正面的、积极的；一面是负面的、消极的，问题就在于用怎样的心态去选择、对待它们。积极的心态是心灵的健康和营养，而非积极的心态对于孩子而言，影响到他们的学习兴趣、学习动因；影响到他们智力的发展；影响到他们人格健康的发展。因此，培养孩子的积极心态是事关孩子一生成才和幸福的大事。

在家庭生活中，作为家长将如何培养儿子的积极心态呢？

## 率先垂范，家长先审视自己的人生态度

专家认为，人的性格养成受生活环境影响很大。习惯了消极悲观的父母很难培养出积极阳光的孩子。倘若孩子消极脆弱，家长应该先审视一下自己的人生态度，是否总是习惯消极和抱怨。父母不要随意向孩子宣泄种种不满和沮丧的情绪，更不要随意流露茫然悲观之态。家庭成员都应注意

情趣的陶冶和幽默感的培养。父母应经常给予孩子积极的鼓励与引导，注意倾听孩子的意见与要求，心平气和地与孩子讲道理。

另外，生活的变动和不如意也会影响孩子的心态，父母尽量不要让孩子幼小的心灵过早地体验到忧伤、惊恐、冷漠、愁苦等否定情绪，而应该有意识地让他经常看到你的笑脸，这样才有利于孩子形成积极乐观的心态。

## 把面对困难的机会还给孩子，帮助孩子建立自信心

自信心和积极的心态总是相辅相成的，给孩子尝试新鲜事物和面对困难的机会，要让孩子自己去体验，而不是家长"包办代替"。当他们取得成绩时，给予他们适时的鼓励和表扬，当孩子受到困难和挫折的打击时，家长可以适时地进行引导和点拨，帮助孩子树立信心。只有这样，孩子才会历练出积极的心态。

## 培养孩子幽默细胞，鼓励孩子热爱运动

从心理学的角度讲，幽默是一种心理防御机制，使人能够化解尴尬、舒缓紧张情绪，提升智力水平。在日常生活中，父母可以让孩子多读一些小幽默、名人幽默的故事，鼓励孩子多与小伙伴交往、沟通；积极参与一些社会活动，这样孩子就会不断地积累幽默细胞，而一个幽默的人通常会拥有积极的心态。

有专家做过调查，人在运动的时候，体内会产生快乐的细胞，会让人觉得快乐。我们在日常生活中也不难发现，运动员或者是喜爱运动的人一般都会比较开朗、乐观。因此，鼓励孩子去喜爱一项体育运动并坚持住，也会有助于孩子拥有积极的心态。

培养积极心态不是一朝一夕的事情。只有通过日复一日的点滴引导，

适时的鼓励和乐观态度的传递，才会使孩子更加积极和阳光。

## ❧ 给儿子选择权，让他做自己的主人 ❧

王晗是济南某中学初一年级学生，为了向父母争取合理的上网时间，他草拟了一份协议书，并以一张"诉状信"开启了一场没有法官的"家庭庭审"。经过半个月的据理力争，小王最终以"固定时间玩更省时间成本""自己拥有管理时间的选择权"等理由说服了父母，为自己争取到了每周两小时的使用手机时间。

生活中，像王晗这样有勇气从父母那里争取选择权的孩子并不是太多，主要还是某些专制型父母以爱孩子为名剥夺了孩子自己做主张、选择生活方式的权利。

由于成长的环境和一些先天遗传因素的不同，每个男孩总会有自己的兴趣爱好，但是家长们往往喜欢按照自己的标准去要求孩子，硬要他们做自己不喜欢的事情，往往是"强扭的瓜不甜"，效果适得其反。人为地去控制或强行塑造男孩，剥夺男孩的选择权，不仅不会取得良好的教育结果，还会带给他们巨大的伤害。

男孩终归要离开父母，开拓比父辈更广阔的发展空间。如果他们从小没有选择的权利，从未体验过选择的滋味，长大后就难以选择适合自己的发展道路，难以迎接各方面的挑战和竞争。因此，当男孩有了自己的主见，而且表示会对自己的选择负责的时候，家长一定要给予积极的支持。即使最后失败了，对男孩来说也是一次难得的经验的积累。怎样做才能把选择的权利还给男孩呢？

## 选择意识需要家长细心培养，不要管得过细

男孩并不是天生就懂得如何选择的，需要家长在日常生活中有意教育和培养。家长可以经常给男孩制造一些选择的机会，比如选择哪一门兴趣课，暑假到哪儿去旅游，这样就会让男孩渐渐形成自己做主的意识。

父母不应该包办男孩的一切事务，不应该认为只要是儿子的事情就是自己责任范围内的事情。男孩的路是需要靠自己去走的，父母不可能伴随他们一辈子，所以应该多给他们一些自由发展的空间。

## 让男孩在体验中成长，不因噎废食

当男孩面对难题的时候，父母可以不给男孩太多的建议，而是让男孩自己去体验、比较，在几种结果中确定自己的选择。当然，男孩在自主选择时，因为社会知识和生活经验不足，难免会出现一些偏差，这时候切忌"因噎废食"，就此剥夺他们选择的权利。

家长应该明白这样两个道理：第一，只有经过不断的尝试才能提高判断力和选择能力。第二，选择和责任是相辅相成的，责任感是在自我选择中形成的。如果家长不给男孩选择的权利，只是让他们被动地接受，那么他们也就不会产生任何的责任感，而缺乏责任感的男孩显然不会有更好的发展。

因此，家长应该尊重男孩，还给他们自主选择的权利，让他们在自己的选择中不断磨炼克服困难、战胜困难的顽强意志和遇事冷静、有主见的良好心理素质，这样，才能成为一名真正的男子汉，早日学会独立。

## ❀ 培养幽默感，引导儿子远离抑郁 ❀

张猛6岁的时候，父母就离了婚。他跟着妈妈生活已经有七年的时间了，在张猛的成长轨迹中始终没有爸爸的身影出现。母子两人虽然经济上不太宽裕，但两个人相依为命，也生活得很幸福。等妈妈再婚的时候，面对突然闯进自己生活的继父，张猛觉得自己像是被扔到垃圾箱里面的旧玩具一样，失去了妈妈的关注和爱。

后来，妈妈又生了一个小妹妹。自此之后，张猛能够明显地感受到，母亲对他更加忽视了。继父也不喜欢张猛，他觉得自己在这个家里开始变成最多余的那一个人。

有了小妹妹之后，母亲和继父每天都在变着花样哄她开心，张猛心里面很不平衡。生活上的变故，让张猛早熟的同时，性格变得更加孤僻。每到周末，他宁愿借宿在学校也不想回到那个感受不到爱的家。

妈妈有一次看到了张猛非常糟糕的成绩单，对张猛一阵责骂，张猛把自己锁在房间里面哭了很长时间。想不明白为什么妈妈不再喜欢自己了，难道只因为有了小妹妹？为什么妈妈除了学习成绩再也不会关心他的其他方面了？他想睡去，再也不愿意想这些事情，可是脑子里面总是出现妈妈咒骂的画面。这个时候，张猛想起了妈妈以前睡眠不好时吃过的安眠药。年少无知的他倒出一把安眠药放到嘴里之后，沉沉地睡去，幸好被及时发现才抢救过来。

虽然挽回了生命，但张猛却长时间闷闷不乐，身体也日渐消瘦。后来经老师提醒，妈妈为他找了位心理医生，原来小小年纪的张猛竟然患上了抑郁症。

如今，抑郁症已经越来越有年轻化倾向。数据显示：在校学生已成抑郁症高发人群。学生群体相对于踏入社会的成年人生活圈子较窄，学校与家两点一线的生活轨迹注定了学生的社会经验少、人际交往能力低。目前抑郁症年轻化的出现，学生对人际关系的处理不当是诱因之一。

作为家长，要有防范孩子走向抑郁倾向的意识，培养孩子幽默感不失为一种经济有效的方法。况且对于孩子来说，幽默感能提升孩子的人际交往能力。擅长幽默的孩子，比较容易被同伴接受，而且更容易被别人的幽默逗得大笑。因此，具有幽默感的孩子在人际交往中往往会比较成功。

儿童心理专家劳伦斯·沙皮罗认为，和其他情商技能一样，幽默感的发育在婴儿出生的最初几个星期就开始了。许多家长都认为幽默感是天生的，其实不然，幽默感完全可以后天培养而成。在积极心理学中，幽默感是"超越自我"的品质之一。因为幽默是一种人生态度，也是一种人生智慧。拥有良好的幽默感，更是个人综合能力的展现，可以加强人们与世界的连接，让生命更加富有意义。家长应该结合孩子发展的不同阶段，采用不同的方法培养孩子的幽默感。

## 针对不同年龄段，有针对性培养

孩子可以在任何阶段培养幽默感。尽管，蹒跚学步的幼儿与十几岁的青少年对幽默的定义不同。父母需要在孩子的每个阶段，有针对性地开发培养，很重要的一点在于帮助孩子认识到什么让他们更开心。

婴儿时期：婴儿不懂何谓幽默，但是，当父母及身边人表现出快乐、开心、露出笑容时，他们确实是知道的。当父母向宝宝发出卡通、搞怪的声音和表情，然后大笑或微笑时，婴儿会感觉到父母的情绪，并且模仿。他们对于肢体的表达相当敏感，比如逗乐、发出声音。

学龄前儿童：这个时期的孩子往往因为不规则或者稍显混乱的图片而觉得有趣，同时他们会渐渐意识到身体功能。他们会很乐于享受与父母的互动幽默。

学龄孩子：从孩子进入幼儿园起，基本的文字游戏、夸张的闹剧，他们都会觉得很好玩。他们开始接触简单的笑话，并且重复。这个年龄的孩子也开始对幽默感产生微妙的理解，包括用智慧与自嘲的方式处理在逆境时的感受。如果父母经常讲幽默的语言，孩子自然能够模仿幽默因子，逐渐变得幽默起来。父母平时可以多给孩子讲讲幽默故事、机智故事、脑筋急转弯等等、训练孩子思维的敏捷性，丰富孩子的词汇。

## 为孩子树立幽默的榜样，创建富有幽默的环境

幽默感有先天的成分，不过后天的培养更加重要。孩子是父母生命的延续，是父母最真实的镜子，潜移默化中，父母的许多特点在孩子身上都会得到再现。

所以，要培养孩子的幽默感，为人父母者，首先要先审视自己是否也有幽默感，最起码，要能欣赏幽默。为孩子树立幽默的榜样是鼓励孩子培养幽默感最好的一种方式。讲有趣的故事、大声地笑、通过轻松诙谐的方式处理眼前的小麻烦。

创建富有幽默的环境，包括为孩子准备有趣的读物，分别按孩子的年龄层来计划图画书籍与歌谣。无论孩子阅读或是画画的时候，鼓励孩子尝试幽默的风格。当孩子试着通过有趣、形象的方式来展现时，给予肯定与称赞——孩子带给父母的第一次笑容，是最值得感恩的惊喜。

鼓励孩子培养幽默感，同时也要设置底线。鼓励孩子培养幽默感，但绝对不等同于让他们说"下流"或诋毁别人的言论。所以，在孩子接触不恰当、有害的笑话时，父母务必及时指出并制止，同时耐心地向孩子解释为什么不好笑。

父母应该让孩子明白，幽默也可以用来伤人。比如，种族、宗教信仰、生理残疾等是不能用来作为幽默材料的，这会伤害对方的情感。如果孩子在无意中开了这样的玩笑，父母千万不能鼓励，而是应该郑重地与孩子讨论一下这个问题，引导孩子尊重他人。

同时，父母要根据孩子的个性特征来培养幽默感。有的孩子比较活泼，有的孩子比较内向，他们所表现出的幽默形式也会有不同，活泼的孩子比较外露，内向的孩子比较含蓄。不管是哪种幽默感，只要不伤害他人，不嘲讽他人，都是值得鼓励的。

有人说，"人生就像一场戏，能够客观地凝视自己所扮演的角色，同时以幽默的态度面对生命中的起起落落，才是成熟人格的表现"。幽默感的培养是塑造孩子良好人格的一个重要方面，也是培养孩子创造力的有力基石，更是促进孩子人际关系和谐与人格完整的重要保证。父母要耐心丰富孩子的内心世界，培养孩子的幽默感，引导他们远离抑郁，教会孩子用幽默来为自己缓解压力。

## ❀ 陪伴孩子，给他呈现温暖的亲情关系 ❀

黄女士的儿子轩轩今年8岁，读三年级。因为老公常年在外地出差，基本一个月才回来一次，平时主要是黄女士照顾儿子。黄女士在家附近开了一家小商店，平时陪伴儿子的时间也很少。

近段时间黄女士发现儿子好像出现叛逆期的行为，让他做什么他都对抗，作业也不愿意做。有一次背不出乘法口诀，黄女士拿出鸡毛掸子在儿子胳膊上打了几下，有时候见儿子作业写得不好或者作业写得慢点儿也会吓唬儿子。黄女士觉得，儿子只有好好上学才能有出路，所以必须对他严格要求。

没想到黄女士的严格要求并没有起到效果，轩轩越来越叛逆，连学都不想上了。老师找他谈话，他哭着对老师说："爸爸妈妈都不爱我，不关心我，我觉得生活一点儿意思都没有。"黄女士听到后心里一阵委屈，他们辛苦赚钱明明是为了孩子好，怎么孩子却感受不到父母的爱呢？

父母是孩子的第一任老师，良好的家庭教育对孩子的成长有着至关重要的意义。对于孩子来说，温暖的亲情关系是奠定心理安全感的基石。在温暖有爱的家庭中长大的孩子，幸福指数明显高于生活在亲情淡漠的家庭。

家长也要明白，所谓的陪伴孩子并不仅仅是无时无刻待在孩子身边，而是要给孩子高质量的陪伴。那么，什么样的陪伴才算是高质量的陪伴呢？

## 学会倾听，高质量陪伴第一步

一个夏天的雨夜，儿子竟然要去外面看雨，妈妈勉强同意了。没想到快10点了儿子还没有上楼，妈妈着急了。当儿子推开门，妈妈压抑着怒火想着怎么批评他。但是儿子兴奋地大着嗓门跟妈妈述说着雨夜的所闻所见，一副万分欣喜的忘情状态："妈妈，我有了很多惊奇的发现！我看到了一处特别特别美的花。哇，在路灯下，美得不得了！还有一丛特别特殊的叶子，在路灯的照耀和雨水的浇灌下显得特别美，我从来没发现过那么美的叶子！"

妈妈被儿子的情绪所感染，忘记了刚才的担忧和生气，附和着他，开始询问更详细的情况。妈妈开始感动于这个孩子以如此大的热情和激情去好奇地观察生活，认真地表达他对生活的理解和感受。这是多么宝贵的状态啊。也许儿子牺牲了睡觉的时间，也许他会感冒着凉，可这些与他得到的、体验到的所有快乐和兴趣相比，又算得了什么？

生活中，许多妈妈经常大声疾呼：我说了很多遍，就是听不见。妈妈的大呼小叫、絮絮叨叨，孩子的旁若无人、充耳不闻，是很多家庭、每天甚至每时都在上演的场景，这也正是很多破坏亲子关系的重要原因。

因此，当家长想"发作"的时候，先听听孩子说什么。在认认真真地、平心静气的倾听过程中，我们或许会发现比"责备"更有用的东西，而不是急于表达自己的观点，充分给孩子表达的权利和空间。

## 倾情融入，不可人在心不在

有这样一则发人深省的育儿小故事，名字叫《等一会儿，聪聪》。

聪聪说："嘿，老爸。"

爸爸说："等一会儿，聪聪，老爸现在没空。"

聪聪说："嗨，妈妈。"

妈妈说："等一会儿，聪聪，妈妈现在没空。"

聪聪说："妈妈，花园里有一只怪兽要吃我。"

妈妈不耐烦地说："等一会儿，聪聪。妈妈现在没空。"

聪聪一个人来到了花园。他对怪兽说："嘿！你好，怪兽！"怪兽一口就把聪聪吃掉了。然后怪兽走进了聪聪的家。怪兽走到聪聪妈妈的背后，大叫了一声。聪聪的妈妈说："等一会儿，聪聪，妈妈现在没空。"怪兽张大嘴巴，咬了聪聪爸爸一口。聪聪的爸爸说："等一会儿，聪聪，爸爸现在没空。"

"吃晚饭了。"聪聪的妈妈说。妈妈把聪聪的晚饭放在电视机前。怪兽把晚饭吃了个精光。它还看了一会儿电视。聪聪的妈妈大喊："聪聪，该上床睡觉了。你的牛奶已经拿上去了。"怪兽上楼准备睡觉。怪兽喝了一口牛奶，大声说："喂，我可是一只怪兽啊。""聪聪，妈妈现在没空，赶快睡觉吧！"聪聪的妈妈慈爱地说。

这则故事代表了很多家庭中真实的情况，父母都在家里，但是孩子却得不到有效的陪伴。因为很多父母只是人陪在孩子身边，心却飘到了别处。有效陪伴要求家长在陪伴孩子的过程中全心全意，倾情融入，不可人在心不在。

"伴"的解释是成为他人的一半，思想、行为、精神倾情融入。多和孩子快乐互动，坐下来和孩子一起搭积木；摊开纸和孩子一起画画；蹲下来和孩子一起玩过家家；和孩子一起看他最喜爱的动画片，一起笑得人仰马翻；和他快乐地谈话，用你和蔼的表情和温柔快乐的语调，带给他信任和安全感。每一件在你看来微不足道的小事，都会在他的生命中刻下难以磨灭的痕迹。

## 只陪伴，不设限

高效陪伴是给其必要帮助与支持。当孩子面对挫折时，面对冲突时，面对个人权利的捍卫时，面对失去和痛苦时，父母及时地站在孩子身边，告诉他我懂你，即使你在世人眼里多么差，多么失败，我们依然爱你，有我在你是安全的，你是被爱的，给孩子具体的指导和帮助，帮孩子渡过难关困难时，陪他跑，但不抱起他跑；孩子做选择时，帮他看到可能的后果，并尊重他的选择，引导他学习到相应的经验。

一分钟高效陪伴，胜过一整天无意义的相随。给孩子高质量的陪伴，为他呈现温暖的亲情关系，给予孩子更多关注与情感支持，表达对他们的爱，让孩子知道"父母是爱我的，我是被在乎的"。只有内心拥有坚定而强大的信念，孩子才能在亲情的支持下发挥潜能，做更好的自己。

## ❉ 给儿子一个美好假设 ❉

奥斯卡获奖影片《美丽人生》讲述了一个爸爸身处纳粹集中营，却没有让孩子感受到集中营苦难的故事。现实生活中，我们的生活可能并不如意，孩子的学习可能会很糟糕，但这并不影响孩子拥有美好心灵，假定这个世界是美好的，对自我的存在、对孩子的成长才有意义。

很多父母会无意识地影响孩子对这个世界的看法，包括对现实的愤怒，对一些不公平现象的语言，包括我们如果身处不太好的情境里，我们往往会忘掉是不是要保护孩子，为了让儿子有个积极健康的心态面对未来，父母可以尝试给他们一个美好假设。

## ❀ 过度关注坏信息，源于父母心中的焦虑 ❀

一个上小学4年级的男孩，对学习一点儿兴趣也没有，甭管考试成绩多差都满不在乎，而且在班里交的朋友也都是一些和自己同样的差生。妈妈很担心他会跟那些朋友学坏，还担心他从小这么没有上进心，长大了会很没出息。

很多家长就害怕孩子会犯错误，会变坏，所以就会格外地关注那些所谓不良的信息、那些孩子可能变坏的征兆，并且强迫孩子去改变。但是，我们越去关注坏信息，这个孩子身上的坏信息就会越多，直到有一天，这些坏信息把我们跟孩子一起压垮。

有些时候，哪怕孩子的现状并不是特别理想，比如他学习成绩不好，或者老师对他印象不好，我们也要相信，每个孩子的成长都是不均衡的。有了这样的想法，妈妈就会把孩子目前的困境当作他成长的资源。一旦内心产生这种变化，她对孩子的态度就会不一样，她对孩子的焦虑就会减少，会更多地看到孩子美好的一面。

### 放弃美好的假定，意味着我们将放弃珍惜

如果我们认为人性并不美好，人都是不可靠的、贪婪的、自私的，甚至是具有攻击性的。在这样的前提下，我们就会害怕跟人接触，就会选择防御，就会对别人缺乏起码的信任。久而久之，这种不良假定会成为我们沉重的心理负担。为什么？其实这是一个很简单的互动原理。就像你的朋友，如果你总是提防着他，就会发现他也在提防着你，但是，这其实也许只是你把自己对他的怀疑，通过他的行为表达出来。你觉得他总是在怀疑

你，却没有认识到这种怀疑其实是你自己的。这就是心理学所说的投射现象。

同样的，很多低自尊的人觉得自己不重要，他假定自己是多余的，他就会放弃自己，比如做一些不该做的事。而一个人如果连自己都不去珍惜，他也就不会珍惜他人，珍惜这个世界。

## ❀ 男孩更需要有点儿"钝感力" ❀

日本作家渡边淳一在《钝感力》一书中说过，只有对各种令人不快的问题忽略不计、泰然处之，才能开朗、大度地活下去。他把钝感力解释为"迟钝的力量"，即从容面对生活中的挫折和伤痛，坚定地朝着自己的方向前进，并称它是"赢得美好生活的手段和智慧"。

"钝感力"作为一种为人处世的态度及人生智慧，相比激进、张扬、刚硬而言，更易在目前竞争激烈、节奏飞快、错综复杂的现代社会中生存，也更易取得成功，并同时求得自身内心的平衡及与他人和社会的和谐相处。

相比较而言，男孩一般容易冲动和易激怒。若想让男孩更加豁达和开朗，学会冷静克制，钝感力不可或缺。钝感力的表现一般包括：迅速忘却不快之事；认定目标，即使失败仍要继续挑战；坦然面对流言蜚语；对嫉妒讽刺常怀感谢之心；面对表扬，不得寸进尺，不得意忘形等。如何培养男孩子的钝感力，妈妈不妨这样做——

### 培养男孩豁达的心胸

一个人如果拥有宽广的胸怀和容人的气量，他的成功之路就会走得比较顺。总是计较身边的小事，总是为一些无所谓的事争论不休，事情反而得不到解决，因此，在养育男孩的道路上，父母要多培养男孩豁达的胸怀。

真正的强者，能够宽容别人，把不与人计较纠缠节省下来的时间用于学习和工作，这是大智慧，大境界。

## 学会冷静克制，告诉自己没有被冒犯

当男孩情绪激烈的时候，可以教他们试着问自己这些问题："我这么失态是为了什么？真的有这么严重吗？有什么大不了的呢？"。找理由劝说自己："我理解的真的是他所要表达的吗？他真要伤害我吗？不是的话，他到底是要表达什么呢？"

告诉自己，那些貌似冒犯自己的人同样有权利坚持自己的观点。另外，不过就是一句话而已，对方不可能带给自己实体的伤害。

有时候，让我们觉得被冒犯的原因，是我们把自己的想法附加给了别人的话语和行为，所以我们可以重新思考，告诉自己"对方只是在表达他的观点，来听听是不是很有意思！我发现别人提出不同的观点是很棒的事！"以此来阻止自己觉得被冒犯了。

当男孩学会了克制，会变得更容易快乐。

许多时候，其实我们不需要脆弱的敏感，男孩子更需要钝感这种力量的支撑，因为它更厚重而有质感，更充满生命的张力，而当他们拥有了这种力量，更容易淡定从容地面对生活中的挫折，内心强大起来。